DE
SYRISCHE
KEUKEN
VAN IMAD

DE
SYRISCHE
KEUKEN

VAN IMAD

EEN CULINAIRE LIEFDESBRIEF AAN DAMASCUS

DOOR IMAD ALARNAB

GOOD COOK

1
SMAAKMAKERS

2
BASISRECEPTEN

3
VOORGERECHTEN, MEZZE & DIPS

4
HOOFDGERECHTEN
136

5
DESSERTS
200

6
DRANKJES
236

VOORWOORD

IN SYRIË DUURT DE ZOMER drie maanden. Het is elke dag warm. Een blauwe lucht en een stralend zonnetje zijn een gegeven. Ik besteedde totaal geen aandacht aan het weer toen ik in Syrië woonde, tenzij het bijzonder was. Maar het was bijzonder. Heel bijzonder. Dat besef ik nu. Ik waardeerde mijn bed pas toen we van de ene naar de andere plek moesten verkassen en op een tweezitsbank, op de grond of buiten op straat moesten slapen. Je waardeert pas wat je hebt wanneer het er niet meer is. Je denkt misschien dat iets altijd zo zal blijven, maar ik weet inmiddels dat je alles kunt kwijtraken.

Mijn grootste zorg in 2009 was waar we onze volgende zomervakantie gingen doorbrengen. Of hoe we de verjaardag van mijn dochter gingen vieren, of naar welke steden ik mijn restaurants wilde uitbreiden. In die tijd runde ik drie succesvolle restaurants in Damascus, maar ook sapbars en cafés in de stad. Ik woonde samen met mijn vrouw en drie jonge dochters, onze familie woonde in de buurt. Mijn kinderen deden het goed op school, we gingen regelmatig picknicken buiten de stad, naar de bioscoop of uit eten met vrienden, we vierden bruiloften en diploma-uitreikingen en promoties op het werk. We waren gelukkig. Alles was volkomen normaal en er was geen reden om aan te nemen dat het ooit zou veranderen. En toen veranderde alles.

WAT IS EEN VLUCHTELING?

Op 27 juli 2015 nam ik afscheid van mijn familie in Syrië. Drie maanden later, in oktober 2015, arriveerde ik in het Verenigd Koninkrijk. Het achterlaten van mijn vrouw en kinderen, wetende wat de risico's waren, was het moeilijkste wat ik ooit heb moeten doen. Maar ik wist dat dit onze enige echte kans was om op de lange termijn veilig te zijn. Mijn kinderen waren jong, te jong om de reis samen met mij te maken; er lagen te veel gevaren op de loer, er was te veel onzekerheid. Mensen vragen vaak waarom ik per se naar het Verenigd Koninkrijk wilde, waarom ik niet stopte in Griekenland, Duitsland of elders onderweg. Ik had familie in het Verenigd Koninkrijk – mijn zus, mijn tante en haar kinderen – en ik sprak de taal al. Het is lastig om op latere leeftijd een nieuwe taal te leren en je moet de taal goed beheersen als je wilt werken. En ik wilde werken, want ik had altijd hard gewerkt. Als ik eenmaal in het Verenigd Koninkrijk zou zijn, dan zou mijn gezin naar me toe kunnen komen en zouden we allemaal veilig en weer bij elkaar zijn. Ik was bang voor wat mij zou kunnen overkomen, maar het toekomstbeeld wanneer we in Syrië zouden blijven was nog veel angstaanjagender.

Toen ik Syrië verliet, was mijn oudste dochter erg emotioneel. Ze vreesde voor mij, voor haarzelf en haar zusjes. Ik moest haar beloven dat we elkaar binnen een jaar weer zouden zien. Op dat moment wist ik niet wat ik anders moest doen dan haar dat te beloven, ook al wist ik niet hoe en of dit überhaupt mogelijk was. Ik geloofde het zelf amper, maar op 26 juli 2016 – een jaar nadat ik hen voor het laatst had gezien – omhelsde ik mijn gezin weer, deze keer in de aankomsthal van Heathrow Airport. Het was een surrealistisch, ongelooflijk moment. Een wonder. In december 2022, zes jaar later, kregen we de Britse nationaliteit.

De reis om hier te komen was lang, vaak pijnlijk – zowel fysiek als mentaal – gevuld met angst en heel veel obstakels. Ik heb dierbaren verloren en ik mis heel veel van mijn oude leven. Maar ik weet dat het leven dat ik had nu voorbij is. Het is er gewoon niet meer, al heel lang niet. Ik heb ontzettend veel geluk gehad dat ik hier in Londen een nieuw leven heb kunnen opbouwen. De Britten hebben me met open armen verwelkomd en ik voel me opnieuw thuis.

Ik ben heel trots op wat ik hier heb bereikt. Ik ben heel trots op mijn restaurant *Imad's Syrian Kitchen* en op alle steun en liefde die het restaurant, mijn eten en ik krijgen. Ik wil dat anderen mijn reis als positief en bemoedigend ervaren, dat ze zien wat er mogelijk is. Maar ik wil ook dat mensen weten dat het niet gemakkelijk is geweest. Dit is niet alleen mijn verhaal; het is het verhaal van iedereen die zijn huis heeft moeten verlaten, bang was, heeft geworsteld, zich soms eenzaam en verlaten heeft gevoeld. Ik wil mijn verhaal delen zodat mensen begrijpen wat wij allemaal hebben moeten doorstaan om te komen waar we nu zijn. Ik heb het moeilijk gehad, maar naast alle haat en al het geweld heb ik ook veel liefde mogen ervaren. Ik was mijn vertrouwen in alles kwijtgeraakt, maar ik heb tijdens mijn reis mijn geloof in de mensheid teruggekregen en ik wil dat iedereen dat weet. Ik wil dat mijn verhaal zo veel mogelijk mensen bereikt. Met de steun van goede mensen met een eerlijk hart kun je wonderbaarlijke dingen bereiken.

VAN DE WASSTRAAT NAAR CARNABY STREET

Het klinkt misschien onwaarschijnlijk, maar in de 64 dagen die ik als vluchteling in Calais was gestrand, begon ik mezelf terug te vinden. Het is wellicht moeilijk te geloven, maar dat was het moment dat ik weer hoop begon te krijgen. We hadden van iemand een kookstel gekregen en ik kon koken. We haalden bij lokale cafés of supermarkten overgebleven ingrediënten op en ik maakte maaltijden voor wel vierhonderd mensen per dag! Het bood ons allemaal troost, en voor mij was het de smaak van thuis, een herinnering aan wie ik was. Het wakkerde mijn passie aan, het gaf me een doel en de moed om te geloven dat het beter zou worden. Koken brengt mensen samen; het verenigt ons. En met de hulp van zoveel gulle mensen kon ik mijn liefde voor eten opnieuw ontdekken en met anderen delen. Niets maakt me gelukkiger dan mensen te zien genieten van het eten dat ik voor ze heb klaargemaakt.

Toen ik in het Verenigd Koninkrijk arriveerde, werkte ik illegaal in een autowas-straat waar ik auto's klaarmaakte voor de verkoop. Ik sliep daar ook, als een nachtbewaker. Ik haatte het. Ik haat auto's! Maar ik moest werken om mezelf en

mijn gezin in Syrië te onderhouden. Ik was echter een goede verkoper en toen ik legaal kon werken, had ik een korte carrière als verkoper van de tweedehandsauto's die ik voorheen had gewassen. Maar ook al was ik er goed in, daar lag mijn hart niet. Ik overwoog om in een restaurant te gaan werken, maar ook al werkte ik niet graag in de garage, ik wist dat ik niet in de keuken van een ander kon staan om de gerechten van iemand anders te bereiden, of mijn eigen recepten weg te geven.
Ik heb het in het begin wel geprobeerd. Ik ging solliciteren, maar in plaats van te willen zien hoe ik kookte en me te vragen naar mijn ervaring, vroeg de eigenaar me

om zijn busje op te ruimen en schoon te maken. Hij zei tegen me dat ik er niet uitzag als een kok en stuurde me weg. Ik ging terug naar zijn restaurant nadat mijn pop-uprestaurant in de kranten had gestaan en ik zag aan hem dat hij er spijt van had!

Gedurende mijn hele leven, maar vooral tijdens mijn reis van het oorlogsgebied in Syrië naar mijn thuis in het Verenigd Koninkrijk nu, voel ik me gezegend dat ik de meest fantastische mensen heb mogen ontmoeten, beschermengelen die voor me zorgden toen ik hen het meest nodig had. Hoe ik ertoe kwam om *Imad's Syrian Kitchen* te openen, begint met een van die engelen: Toni. Toen ik in 2016 met mijn gezin was herenigd, verhuisden we naar een huurhuis in de stad High Wycombe, waar we een jaar woonden. Toni was heel actief betrokken bij de ondersteuning van de lokale gemeenschap en de hulp aan vluchtelingen. Ze had gehoord van het *Cook for Syria*-project, waarmee geld werd ingezameld voor het *Children in Syria Fund* van UNICEF. Ze kwam naar me toe en zei: 'Ik ben bij je thuis geweest, ik heb bij je gegeten, ik weet wat je in Damascus deed. Wil je meewerken aan Cook for Syria?' 'JA!' Natuurlijk wilde ik dat. In januari 2017 stelde ze me voor aan Layla Yarjani, ook een fantastische vrouw, en binnen een paar weken begon ze mensen uit te nodigen om bij mij te komen eten. Ze belde me op en zei: 'Over twee dagen komen er vijf mensen bij je eten. Ben je er klaar voor?' Ze stelde me voor aan een pr-bedrijf – dat vandaag de dag nog steeds mijn pr doet – en vanaf dat moment veranderde alles. Layla belde me op een dag op en vroeg: 'Heb je iets te doen op 9 maart? Je gaat namelijk een pop-uprestaurant in Oost-Londen bestieren.' Imad's Syrian Kitchen, het pop-uprestaurant, draaide twee weken op Columbia Road, waar de bloemenmarkt is. De kaartverkoop en de reserveringen werden geregeld, de media werd gecontacteerd. Er werd een logo ontworpen. Een droom kwam uit.

In eerste instantie zou er elke avond één diner in het pop-uprestaurant worden geserveerd, maar het was zo populair dat de kaartjes binnen 24 uur waren uitverkocht. Uiteindelijk waren er elke avond twee tijdstippen voor het diner en twee voor de lunch op zondag. Ik kon het niet geloven. Daarna bestierde ik pop-uprestaurants in heel Londen en deed ik de catering voor privé-etentjes, bruiloften en partijen in Londen en op Ibiza, in Parijs en in Duitsland. Maar mijn ultieme droom was natuurlijk een permanente locatie. Begin 2020 vertelde Asma Khan – chef-kok en eigenaar van het Londense restaurant *Darjeeling Express* die inmiddels een vriendin was geworden – dat er een ruimte beschikbaar was op Carnaby Street. En zo opende restaurant Imad's Syrian Kitchen op 19 mei 2021 permanent zijn deuren.

Er gaat niets boven het gevoel van dat moment; het betekende alles voor me. Het betekende dat ik weer ergens thuishoorde. Maar het is allemaal begonnen met het koken op de trappen van de kerk in Calais, waar ik elke nacht sliep. De eerste fase van mijn nieuwe leven. Koken voor mensen was voldoende om me eraan te herinneren dat dit de juiste weg was, dat ik dit behoorde te doen. Ik wil koken en mensen blij maken. Ik wil mensen horen zeggen dat dit de beste falafel is die ze ooit hebben gegeten!

En daar is dit boek voor bedoeld: om niet alleen mijn verhaal, maar ook mijn recepten te delen die zoveel voor me hebben betekend. Net als ik hebben ze een reis afgelegd, ze hebben zich ontwikkeld. Ze zijn beïnvloed door hun ervaringen, ze zijn aangepast en veranderd, maar altijd trouw gebleven aan hun oorsprong. Dit zijn de recepten waar ik van houd; geniet ervan alsof ik ze bij jou thuis voor je klaarmaak.

ONZE NIEUWE START

Toen mijn gezin naar het Verenigd Koninkrijk kwam, was mijn jongste dochter zes jaar oud. In de auto vanaf het vliegveld was haar eerste vraag hoeveel barricades we onderweg naar huis zouden tegenkomen. Haar tweede vraag was hoeveel uur per dag we in het Verenigd Koninkrijk stroom hebben. En haar derde vraag was hoeveel uur per dag we water hebben. Ik wil niet dat mijn kinderen deze dingen vergeten. Ik wil dat ze waarderen wat ze nu hebben, dat ze weten hoeveel geluk ze hebben. Maar ik wil niet dat ze emotioneel beïnvloed worden door wat ze hebben meegemaakt. Ik wil dat hun ervaringen bemoedigend zijn en hen inspireren om groots te dromen, dat ze zelfverzekerd hun passies volgen en hun dromen realiseren. Ik wil niet dat hun verleden hen blijft achtervolgen op de manier waarop het mij soms nog achtervolgt.

Ik schrik vaak midden in de nacht wakker en zeg dan tegen mezelf: 'O god, wat zal mijn moeder boos zijn dat ik haar al zo lang niet heb gesproken!', en dan weet ik het weer. Toen ik hoorde dat ze was overleden, woonde ik in mijn eentje in een caravan in het westen van Londen. Ik was al vijftig dagen in het Verenigd Koninkrijk. Ik heb haar niet meer gesproken of gezien, en ik kon niet terug naar Syrië om afscheid te nemen. Mijn Damascus is in 2012 gestorven en net als mijn moeder komt die stad nooit meer terug. Ik kan over haar dromen, over haar praten, aan haar denken, maar ik zal haar nooit meer in het echt zien. En hoewel ik het gebeuren met mijn moeder en mijn Damascus niet kan afsluiten, konden mijn gezin en ik een nieuwe start maken. Ik hoop dat zowel mijn moeder als mijn Damascus vanuit de hemel op me neerkijken en trots op mij en mijn dochters zijn. Ik ben verliefd geworden op Londen. Londen heeft ons met open armen ontvangen, geeft ons het gevoel dat we thuis zijn en ik hoop dat we Londen en de Britten ook met trots zullen vervullen.

HET SYRISCHE VERHAAL TOT DUSVER

In de winter van 2010 begon de Arabische Lente, eerst in Tunesië en daarna elders in het Midden-Oosten en Noord-Afrika. Het was een langverwachte bevrijding voor die landen, omdat de leiders die al jaren ondemocratisch aan de macht waren door het volk werden gedwongen om af te treden. Er vond een revolutie plaats. In 2011 kalkten vijftien Syrische schooljongens, geïnspireerd op wat ze

in het buitenland hadden gezien, op de muren buiten hun klaslokaal: 'Het volk eist de val van het regime.' Ze verwezen naar het meer dan veertig jaar durende presidentschap van de familie Assad. Een regime dat van zijn eigen volk steelt, kennissen een hoge positie geeft en tijdens de 'verkiezingen' alsnog bijna honderd procent van de stemmen krijgt; de onverzettelijke heerschappij gaat over van vader op zoon. We waren overgeleverd aan dit regime, met een toenemende werkloosheid en economisch barre tijden die door velen in het hele land werden gevoeld. Het was tijd voor verandering, het werd tijd dat de Syriërs de macht weer terugpakten.

Het begon als een vreedzame revolutie door een groepje idealistische scholieren, maar deze werd door het volk gesteund. We wilden alleen maar gerechtigheid, een democratie. We waren zelfs zo naïef om te denken dat Assad aan onze kant zou staan, dat hij zou aftreden in navolging van wat er in Egypte en Jemen gebeurde. We dachten dat hij naar ons zou luisteren. We dachten dat het binnen een paar weken, misschien een paar maanden, voorbij zou zijn. Hooguit een jaar. In plaats daarvan werden die schooljongens gearresteerd en gemarteld en kwamen mensen in opstand tegen de manier waarop de politie hen had behandeld. Assad zette militaire strijdkrachten in om een eind te maken aan de protesten, maar inmiddels had de onrust zich over het land verspreid en streden andere groeperingen voor de goede zaak. Tegen 2012 was er een regelrechte oorlog uitgebroken.

Het raakte iedereen. Ieder van ons heeft dingen gezien die we nooit meer van ons netvlies krijgen. In eerste instantie was het ver bij ons vandaan; vrienden van vrienden, verre neven en nichten aan de andere kant van de stad werden onder vuur genomen, raakten gewond, werden gevangengenomen. Vermoord. Maar toen kwam het steeds dichterbij, tot er geen ontkomen meer aan was. Dit overkwam niet langer alleen andere mensen; het overkwam ons allemaal.

Niemand had geloofd dat de situatie twaalf jaar later erger zou zijn dan ooit. Groepen die niet eens Syrisch zijn vechten met elkaar: Rusland, Iran, *Al Qaida*, Turkije, de VS; Syrië is een plek geworden waar zaken worden uitgevochten die niets met het volk te maken hebben. Het lijkt erop dat het nog heel lang gaat duren, maar dan met Assad nog steviger in het zadel. Het enige wat het volk wilde, was een stem, maar in een dictatuur heeft het volk geen stem.

Mensen zijn ontzettend bang. Vrienden hebben het contact met mij verbroken en me geblokkeerd op social media, omdat ik me heb uitgesproken tegen Assad. De Syrische regering verspreidt via de pers verhalen om het volk te verdelen. Burgers vrezen nu voor hun leven, omdat ze familie zijn van iemand of iemand kennen die zich tegen Assad heeft uitgesproken.

In januari 2012 stond ik na het gebed voor een moskee. Mensen riepen heel kalm, zonder agressie: 'Vrijheid, gerechtigheid.' Vanuit het niets kwamen troepen van Assad tevoorschijn en begonnen in het wilde weg op de mensenmassa te schieten. Op slechts drie meter bij mij vandaan zag ik hoe een jongen, niet ouder dan 13 of 14 jaar, in zijn borst werd geraakt. Hij stierf vlak voor mijn ogen. Ik was zo geschokt en bang dat ik niet naar hem kon kijken. Niemand kon iets uitbrengen of iets doen. Op dat moment wist ik dat deze revolutie niet tot gerechtigheid zou leiden. Er zou geen afsluiting zijn.

Iedereen heeft een vergelijkbaar verhaal, wel meer dan één. Die verhalen spelen zich af wanneer we onze ogen sluiten, wanneer we denken aan 'thuis' dat voor ons niet meer bestaat.

Een paar weken later zat mijn oudste dochter in haar slaapkamer huiswerk te maken. 'Ik ben aan het leren' waren een soort magische woorden waarmee ze kon aangeven dat ze alleen wilde zijn. Het was haar geheime wachtwoord dat betekende dat niemand haar mocht storen. Mijn vrouw riep haar naar de keuken. 'Ik ben aan het leren,' was haar antwoord. Maar die keer drong mijn vrouw aan en met tegenzin liep mijn dochter de keuken in. Een paar seconden later sloeg een bom in ons appartementencomplex in. De hele kant van het gebouw waar mijn dochters slaapkamer was geweest, was verwoest. Bakstenen en puin daalden neer op het bed waar mijn dochter net nog had gezeten. Ze zou op slag dood zijn geweest. Ik vind het moeilijk, zelfs nu nog, om daaraan terug te denken. De schok, de opluchting, de angst voor wat had kunnen gebeuren. De mazzel, de dankbaarheid dat mijn vrouw om wat voor reden dan ook had aangedrongen. Zelfs nu nog kunnen we er samen niet over praten. Dat zou waarschijnlijk wel beter zijn, maar het voelt nog steeds te pijnlijk.

We verkasten van de ene naar de andere plek, omdat steeds meer gebieden te gevaarlijk werden om er te wonen. Ieders leven draaide nu om overleven en tegelijkertijd probeerden we zo veel mogelijk ons normale leven te leiden. Maar in 2012, in slechts zes dagen tijd, waren al mijn horecazaken verwoest en waren we bijna alles kwijtgeraakt. Maar we leefden tenminste nog.

In 2013 zaten we in een taxi, op weg naar weer een nieuw appartement in een veiliger deel van Damascus. We waren er bijna toen ik uitstapte en terug naar het centrum van de stad begon te lopen om naar werk te zoeken. Ik had misschien vijf minuten gelopen toen ik, vanuit de richting waarin de auto met mijn gezin was verdwenen, een grote explosie hoorde. Het was een enorme bom. Ik hoorde geschreeuw, ik zag rook, mensen die doodsbang en huilend wegrenden. Ik kwam er later achter dat er toen zeventig mensen om het leven zijn gekomen. En op dat moment wist ik bijna honderd procent zeker dat mijn gezin dood was. Ik rende tegen de stroom mensen in, naar de plek waar de bom was gevallen, en viel op mijn knieën toen ik de auto vond en zag dat iedereen in orde was. Ze hadden zoveel mazzel dat ze nog leefden dat ik het bijna niet kon geloven. Mijn vrouw omhelsde me stevig, daar in de greppel, terwijl we even de tijd namen om tot ons door te laten dringen wat er zojuist was gebeurd. Toen beseften we dat er mensen waren die onze hulp nodig hadden. De taxichauffeur bracht onze kinderen in veiligheid, wij maakten de weg vrij voor de ambulances en probeerden de mensen om ons heen te helpen waar we maar konden.

In die tijd had ik een buurman die voor de minister van Verzoening werkte, een departement dat door Assad werd opgericht om een einde aan de revolutie te maken. (Het doel was om het te laten lijken alsof mensen zich verzoenden. In werkelijkheid betekende het natuurlijk niets.) Het beveiligingsteam van de minister was er ook om te helpen bij de nasleep van het bombardement. Nadat ik alles had gedaan wat ik kon om te helpen, kuste ik mijn vrouw en begon terug te lopen naar de stad. Onderweg merkte ik dat mensen en politieagenten schreeuwden en naar me wezen. Ze schreeuwden dat ik de bom had gegooid. Omdat ze hadden gezien dat ik naar de bom toe rende – naar mijn gezin – dachten ze dat ik verantwoordelijk was.

De politie greep me vast en begon me op straat in elkaar te slaan. Niemand deed iets. Ze sloegen me in de boeien en brachten me naar Jisr-al Thawra (de Revolutiebrug), een van de meest corrupte politiedistricten in Damascus, onder een brug. Ik was heel bang en dacht dat ze me zouden vermoorden. Niemand vroeg me iets, zelfs niet waarom ik überhaupt op de explosie af was gerend. De Syrische politie is niet geïnteresseerd in de waarheid, maar in het vinden van iemand die ze ervoor kan laten opdraaien en executeren, zodat het lijkt alsof ze haar werk goed heeft gedaan. De agenten bleven me slaan, schoppen en stompen. Ik bloedde uit mijn mond, zo erg dat ik bijna stikte, dus draaiden ze me met mijn gezicht naar de grond en gingen door. Het was zo heftig dat ik op dat moment zou hebben bekend om het te laten ophouden. Ik zou op televisie hebben bekend als dat had betekend dat het zou stoppen. Zo gaan ze te werk.

Maar toen kwam het veiligheidsteam van de minister terug: mijn buurman. Hij schreeuwde naar de politie dat ik de bom niet had gegooid, dat ik juist had geholpen met het redden van de gewonden, dat hij me kende, en dat de minister woedend zou zijn als hij erachter kwam wat er was gebeurd. Ik kon het niet geloven; ik was gered. Ik zeg vaak dat ik, ondanks alles wat ik heb meegemaakt, echt een geluksvogel ben, en op dat moment geloofde ik het ook.

Ik heb nog steeds last van wat er die dag onder die brug is gebeurd. Ik ondervind elke dag de gevolgen ervan; in mijn lichaam dat het me niet laat vergeten, en in mijn hoofd.

DE BELANGRIJKSTE INGREDIËNTEN

Dit zijn de belangrijkste ingrediënten in de Syrische keuken die je in huis moet hebben.

De meeste ingrediënten in mijn voorraadkast zijn van het merk *Belazu*. *Zaytoun* heeft wat mij betreft de beste olijfolie, za'atar en dadels, maar kies vooral voor merken die jij goed vindt. Minder gangbare ingrediënten kun je in Midden-Oosterse speciaalzaken of online vinden, maar de meeste ingrediënten zijn gewoon in de supermarkt verkrijgbaar.

GEDROOGDE MUNT EN GEDROOGDE TIJM

Als je zelf munt wilt drogen, gebruik dan liever geen munt uit de supermarkt, want die wordt zwart. Een plantje dat buiten groeit is perfect: de steeltjes zijn veel dikker en bruikbaarder wanneer ze gedroogd zijn, terwijl je dunnere steeltjes beter vers kunt gebruiken. Van oudsher wordt munt in de zon gedroogd en tussen de handen verkruimeld.

Was de kruiden goed en hang ze gebundeld ondersteboven in de zon om te drogen. Als je ze niet in de zon kunt laten drogen, hang ze dan op een warme plek. Houd er rekening mee dat ze de geur van de omgeving aannemen, dus hang ze liever niet in de keuken.

Na 2 tot 3 dagen zijn ze droog. Wrijf het bosje van onder naar boven tussen je handen om de knisperende blaadjes van de steeltjes te halen; gooi de steeltjes weg, want die zijn hard en taai.

Bewaar de blaadjes in een luchtdicht afgesloten pot. Ze zijn 6 maanden houdbaar, maar na verloop van tijd wordt hun smaak minder intens.

Mijn moeder deed de gedroogde kruiden altijd in een zeef om ze te splitsen, waarbij ze de heel zachte, fijne kruiden in een andere pot deed. Strooi de fijne kruiden over labneh, een broodje of geroosterd brood met boter. Gebruik de stevigere, hardere blaadjes tijdens het koken – *tabakh roho* (zie pag. 181) staat er bekend om – of maak er een kruidenolie van.

GRANAATAPPELMELASSE

Het heeft heel lang geduurd voordat ik een goede had gevonden: die van het merk Belazu is niet te zoet en heeft de juiste consistentie en een goede smaak.

KIKKERERWTEN

Gebruik voor de romigste hummus altijd gedroogde kikkererwten, geen kikkererwten uit blik.

PIJNBOOMPITTEN

Pijnboompitten worden voor gebruik meestal goudbruin geroosterd, zodat ze hun textuur behouden en extra smaak toevoegen. Rooster 3 tot 5 minuten in een kleine, droge pan of op een bakplaat in de oven op 180 °C.

RIJST

We gebruiken veel verschillende soorten rijst. Voor een vulling gebruiken we een kortkorrelige rijst die we in Syrië Egyptische rijst noemen. Voor een gerecht waarbij er iets op de rijst komt, zoals *kabsa* (zie pag. 166), gebruik ik graag basmatirijst of een andere langkorrelige rijst.

TAMARINDE

Dit is in gedroogde vorm verkrijgbaar in blokken van 200 gram of 400 gram. Je kunt alles in één keer bereiden en tot wel 1 week in de koelkast bewaren, of gebruik zoveel als je voor het recept nodig hebt. Gedroogde tamarinde moet je eerst in water laten weken; bonuspunten als je daar op de avond ervoor aan denkt.

Verkruimel voor het maken van tamarindewater 75 gram gedroogde tamarinde boven een pan met 400 milliliter water. Breng op matig vuur aan de kook en laat minimaal 30 minuten koken om alle smaak eraan te onttrekken en het vocht te laten inkoken. Schenk door een zeef in een kom; druk het vocht eruit met een lepel en schraap de pulp aan de onderkant van de zeef in een kom. Je houdt iets minder dan 200 milliliter over en het tamarindewater heeft echt een heel intense smaak. Het is niet erg als je minder overhoudt; het gaat allemaal om de smaak.

ONZE MANIER VAN ETEN

In sommige culturen eet je met je handen of schep je je eten op met brood, in andere culturen eet je met een lepel of met mes en vork, en in heel Azië eet je met eetstokjes. In Syrië, en vooral in Damascus, eten we op alle mogelijke manieren. Je mag doen wat je wilt, eten hoe je wilt, want eten is je persoonlijke comfortzone. Eten vormt het middelpunt van alles wat we doen en er is geen oordeel, alleen plezier.

Wat echter wel heel serieus wordt genomen, zijn de gesprekken over wat je gaat eten. Het is een belangrijk onderwerp! We gaan nooit ergens heen zonder eerst te bedenken wat we gaan eten. Zelfs een uitstapje naar de bioscoop gaat gepaard met het plannen van snacks. We nemen gegrilde aardappels of Syrische pizza's mee, die kleiner, dunner en krokanter zijn dan Italiaanse pizza's. Na de film is het tijd voor een broodje, dat je opeet vlak naast de kiosk waar je het hebt gekocht. Je zoekt geen plekje om te zitten, je blijft staan en eet het meteen daar op. En uiteraard mag een dessert niet ontbreken.

In Syrië valt het weekend op vrijdag en zaterdag. Jarenlang gingen we elke vrijdag bij mijn oma brunchen. De hele familie was er, en Syrische families zijn groot! Neefjes, nichtjes, ooms, tantes: het was elke week een groot feest en het was fantastisch. Syrische families wonen bij elkaar in de buurt, niet langer dan een halfuur bij elkaar vandaan, en ik herinner me dat ik me onderdeel voelde van iets groters, ik voelde me verbonden. Het was belangrijk. Het was altijd lawaaiig, er werd gedanst, er viel meestal iets te vieren en uiteraard stond het eten centraal. Denk aan een traditionele tuinbonensalade, geserveerd met tafelzuur en yoghurt, die zo lekker, dik en zwaar was dat je daarna een dutje moest doen! Je vindt het recept op pagina 198.

Nu ik in het Verenigd Koninkrijk woon, is de zondag gereserveerd voor familie. We maken uitstapjes of brengen gewoon tijd met elkaar door. En precies zoals we vroeger in Syrië deden, denken we na over het eten dat we meenemen. We halen in ieder geval nooit een broodje bij het pompstation. Stel je voor! Damascus was vroeger omringd door een prachtig platteland, met uitgestrekte bossen, rivieren en heel veel flora en fauna om van te genieten. Dat is nu allemaal verwoest door Assad, maar voor die tijd gingen we er vaak overdag heen of bleven er zelfs een nachtje kamperen. We kochten verse tomaten, komkommer en peterselie en maakten er een salade van, midden in de natuur. We bakten zomergroenten: aubergine, bloemkool, courgette. We plukten bessen als dessert. En er was een barbecue: lamsspiesjes, lamshaas, lamsvet, allemaal gegrild boven open vuur. En misschien wat kip: met *shish taouk*,

of kippendijen zoals op pagina 155. Een hele dag in de frisse buitenlucht, met eten als middelpunt.

Elke activiteit, elk uitstapje wordt met bepaalde gerechten geassocieerd; het is een groot en opwindend onderdeel van de planning. Zelfs als we naar de hammam gaan, rijst de vraag: wie neemt de *mujadara* en het tafelzuur mee?! We gaan echter niet vaak uit eten. In de Syrische cultuur worden bijna al onze maaltijden thuis bereid en gedeeld. Maar net als in het Verenigd Koninkrijk kan het lastig zijn om iedereen op hetzelfde moment bij elkaar te krijgen met al die verschillende agenda's voor werk, school en andere verplichtingen. Daarom proberen veel gezinnen om minimaal één keer per dag samen te eten en meestal is dat tijdens de lunch. Zowel het ontbijt als de avondmaaltijd in Damascus bestaat uit iets lichts, bijvoorbeeld iets met kaas of eieren. 's Avonds eten we falafel of een broodje op het veld na het voetballen. De lunch is echter de hoofdmaaltijd en er staan altijd veel schalen op tafel om te delen. We vinden het een raar idee dat je slechts één schaal met eten op tafel hebt staan wanneer er zoveel texturen en smaken zijn om van te genieten. We hebben meer dan één optie nodig!

In Syrië zeggen we dat onze ogen eerder eten dan onze mond, dus ook een gewone doordeweekse maaltijd moet kleurrijk zijn en mooi opgediend worden. Er staat altijd hummus en vers brood op tafel, misschien één of twee vleesgerechten, verschillende groenten, salades en tafelzuur. Het is altijd meer dan we in één keer op kunnen, dus er blijft altijd wat over. Die restjes gaan de koelkast in en vormen de volgende dag samen met verse gerechten – een salade of een rijstgerecht, iets warms of een knapperig bijgerecht – een nieuwe maaltijd. Zo eten we. We nemen wat we al hebben en voegen er iets aan toe. Dus ook al koken we elke avond, het kan best iets snels zijn ter aanvulling op wat er nog is. Zo zijn de recepten in dit boek ook bedoeld. Maak een paar recepten, bewaar wat je niet opeet voor de volgende dag en voeg daar één of twee nieuwe gerechten aan toe. Daarom maken we grote porties hummus, zodat er altijd wat in de koelkast staat!

Syriërs tonen hun liefde door te koken. We houden onze gezinsmaaltijden vrij eenvoudig, maar als je bij ons te gast bent, kun je iets veel ingewikkelders verwachten. Het is niet ongebruikelijk dat we drie dagen in de keuken staan; het symboliseert hoe belangrijk je voor de gastheer of -vrouw bent. Hoe ingewikkelder het gerecht is, hoe rijker het is, hoe langer het duurt, hoe meer respect we voor je hebben. Ik word er stiekem een beetje gek van! Ik breng liever tijd door met mijn gasten dan dat ik uitgeput ben van het dagenlang koken. Maar dat is de Syrische manier. Mijn moeder was heel fanatiek in de keuken: ze wilde de beste zijn. Als je terloops zei dat het eten van iemand anders goed had gesmaakt, dan moest ze horen dat haar eten het allerlekkerst was!

Voor ons bestaat er niet zoiets als te veel eten. Met het recept op pagina 117 maak je heel veel falafel, maar voor Syriërs is het nooit te veel. Als je het echt niet allemaal op krijgt, dan deel je het met je buren. In Damascus woonden we allemaal dicht bij elkaar en dat maakte ons heel gevoelig voor de mensen om ons heen. Als we gingen barbecueën, brachten we altijd een bordje naar de buren. Ik doe nu hetzelfde in Ickenham! Als we lamsspiesjes eten, krijgen de buren ook wat; het is onbeleefd om het niet te doen! En mijn buren komen tegenwoordig ook eten langsbrengen: zo heb ik ontdekt dat ik dol ben op peperkoekmannetjes!

Wat ik zo geweldig vind aan de Syrische keuken, is dat je het eten op gevoel kunt ontdekken. Je komt erachter welke smaken je lekker vindt en kunt ze naar je hand zetten. Natuurlijk denken alle Syriërs dat zij traditionele gerechten op de juiste manier bereiden – en dat laten ze je weten ook. Ik denk oprecht dat Syriërs ziek worden als ze je geen feedback kunnen geven over een gerecht! En die feedback is meestal gebaseerd op hoe hun moeder het maakte en waarom jouw manier verkeerd is...

Toen ik mijn eerste zaak in Damascus opende, was het gebruikelijk dat een restaurant maar één type gerecht aanbood: falafel, pizza of hamburgers. Maar mijn restaurant was groter en we verkochten veel verschillende gerechten. Het gaf me de kans om iets nieuws te proberen. En toen openden we een tweede en een derde zaak. Ik runde daarnaast een cateringbedrijf en kookte meestal voor niet-Syriërs die voor hun werk in Damascus waren, wat me de vrijheid en de ruimte gaf om nog meer te experimenteren, omdat zij niet wisten wat traditioneel was en wat niet.

De recepten in dit boek zijn mijn recepten. Het zijn voornamelijk authentieke, klassieke Syrische recepten, maar in Londen heb ik ook de vrijheid om iets creatiever te zijn. Ik ben niet bang om kleine veranderingen door te voeren, dus ik heb een paar recepten aangepast om ze wat gezonder of lichter te maken, en ik heb geheel nieuwe gerechten bedacht. Zo is het gerecht *saroja* op pagina 111 bijvoorbeeld vernoemd naar een buurt in Damascus, waar ik dol op was en vaak aan denk, en dit recept doet me denken aan hoe het voelde om daar te zijn. Andere recepten zijn van mijn moeder, die ik naar mijn hand heb gezet, of het zijn de recepten die ik tijdens mijn reis naar het Verenigd Koninkrijk heb gemaakt en die me eraan herinneren wie ik was toen ik me verloren voelde. Stuk voor stuk zijn het gerechten om mensen samen te brengen.

Kies een paar gerechten die je lekker lijken en geniet van het proces om op Syrische wijze een tafel vol eten te maken – echt, alles kan! Deze gerechten behoren tot mijn favorieten, maar pas ze aan en doe het op jouw manier. Ik kan niet wachten om te horen wat je ervan vindt.

I

SMAAKMAKERS

I

SMAAKMAKERS

SPECERIJEN

HELE OF GEMALEN specerijen leveren verschillende resultaten op. Ik gebruik bij voorkeur voorgemalen specerijen, die ik vervolgens meng. Als jij de specerijen liever zelf maalt, maal ze dan heel fijn. Ik doe dit liever in een vijzel dan in een specerijenmolen.

DUKKAH

Iedere familie heeft zijn eigen recept voor *dukkah* (wat letterlijk 'fijngestampt' betekent in het Arabisch), dus maak gerust je eigen versie. Ik heb er nog geen noten en zaden aan toegevoegd; dat doe ik liever vlak voor gebruik. De specerijen zijn namelijk droger dan de noten, waardoor ze de olie en het vocht uit de noten zouden absorberen en deze niet zo krokant en vers blijven.

VOOR 115 GRAM

50 g komijnzaad
25 g korianderzaad
10 g roze peperkorrels (o.a. natuurvoedingswinkel)
20 g Urfa-chilivlokken (isot biber, o.a. Midden-Oosterse supermarkt) of gewone chilivlokken
10 g pul biber (o.a. Midden-Oosterse supermarkt) of gewone chilivlokken

Rooster het komijn- en korianderzaad al roerend in een droge koekenpan op hoog vuur, tot ze licht beginnen te roken. Haal van het vuur, voeg de roze peperkorrels toe en rooster 30 seconden in de restwarmte. Wrijf de nog warme specerijen in een vijzel fijn en voeg toe aan een kleine kom. Roer de Urfa-chilivlokken en pul biber erdoor en laat afkoelen. Voeg toe aan een pot en bewaar maximaal 1 maand.

Rooster vlak voor gebruik noten en zaden die je in huis hebt goudbruin (ik gebruik graag cashewnoten en wit sesamzaad), maal fijn in een vijzel en voeg toe aan het specerijenmengsel.

BAHARAT

Libanees zevenkruidenpoeder

Baharat betekent gemengde specerijen – zeven specerijen. Je kunt dit poeder kant-en-klaar kopen (of vervangen door garam masala als het niet anders kan), maar hier is het recept als je het zelf wilt maken. Het blijft 6 maanden houdbaar in een afgesloten pot op een koele plaats. Het staat afgebeeld op pagina 30.

VOOR EEN KLEINE POT

1 el versgemalen zwarte peper
1 el kaneelpoeder
1 el kardemompoeder
1 el korianderpoeder
1 el komijnpoeder
½ el kruidnagelpoeder
½ el nootmuskaatpoeder

Meng alle specerijen en bewaar in een luchtdicht afgesloten pot.

KABSA-KRUIDEN

Deze kruiden- en specerijenmix wordt in de Syrische keuken veel gebruikt. Het bestaat uit veel verschillende ingrediënten, maar het is niet erg als je ze niet allemaal hebt. We gebruiken ook een versie met hele specerijen, omdat ze een ander resultaat opleveren. De mix is in een afgesloten pot op een koele plaats 6 maanden houdbaar. Je kunt het bij de Midden-Oosterse supermarkt ook kant-en-klaar kopen als je het niet zelf wilt maken.

VOOR EEN KLEINE POT

1 el korianderzaad
1 el komijnzaad
1 el venkelzaad
1 el mosterdzaad
1 gedroogde zwarte limoen, gemalen (o.a. Midden-Oosterse supermarkt)
1 laurierblaadje, gemalen
1 el kurkumapoeder
1 el chilipoeder
1 el versgemalen zwarte peper
½ el kardemompoeder
1 el gemalen laos
1 el kaneelpoeder
1 el gemberpoeder
1 el mild kerriepoeder

Wrijf het korianderzaad, komijnzaad, venkelzaad en mosterdzaad met de zwarte limoen en het laurierblaadje in een vijzel fijn. Meng met de rest van de ingrediënten en bewaar in een luchtdicht afgesloten pot.

RODE TAOUK

Dit is een veelgebruikt specerijenmengsel in Syrische gerechten.

VOOR EEN KLEINE POT

1 tl zeezout
2 el paprikapoeder
½ el citroenzuur (o.a. natuurvoedingswinkel)
1 el versgemalen witte peper
1 el gemberpoeder
1 el chilipoeder
1 el kardemompoeder

Meng alle ingrediënten en bewaar in een luchtdicht
afgesloten pot.

SHISH TAOUK

Je kunt dit specerijenmengsel
kant-en-klaar kopen bij de Midden-
Oosterse supermarkt, maar ik raad je
aan om het zelf te maken. Het staat
afgebeeld op pagina 31.

VOOR EEN KLEINE POT

1 el pimentpoeder
1 el kaneelpoeder
1 tl knoflookpoeder
1 tl komijnpoeder

Meng alle ingrediënten en bewaar in een luchtdicht
afgesloten pot.

SAUZEN & OLIËN

IMADS SAUS

Hete saus

Dit is een geweldige manier om die eenzame tomaat uit de groentela te verwerken.

VOOR EEN KLEINE POT

1 grote, heel rode vleestomaat, in blokjes
1 groene paprika, zaadlijsten verwijderd en in blokjes
een kleine handvol munt
½ tl komijnpoeder
sap van ½ citroen
1 teentje knoflook, grofgehakt
1 kleine rode chilipeper, grofgehakt
2 el extra vergine olijfolie
zout en peper, naar smaak

Pureer alle ingrediënten, behalve de peper en het zout, samen in een keukenmachine glad. Breng op smaak met zout en peper en serveer bij wat je maar wilt, zoals *kibbeh*, hummus en falafel.

Afgebeeld op pagina 35.

KORIANDEROLIE

Deze olie is maximaal 1 maand houdbaar.

VOOR 500 ML

500 ml extra vergine olijfolie
10 g komijnzaad
5 teentjes knoflook, fijngehakt
1 grote bos koriander (100 g), inclusief steeltjes, fijngehakt
een flinke snuf zout

Voeg 1 eetlepel van de olie toe aan een pan op middelhoog vuur, voeg het komijnzaad toe en bak tot de zaadjes beginnen te springen. Voeg de knoflook, koriander en het zout toe, zet het vuur uit en voeg de rest van de olie toe, zodat de korianderblaadjes felgroen blijven. Laat afkoelen en schenk in een pot of fles.

Afgebeeld op pagina 34.

SINAASAPPELOLIE

Deze olie is 3 tot 4 maanden houdbaar als je het op een koele, donkere plaats bewaard.

VOOR 1 LITER

3 grote onbespoten sinaasappels
1 l extra vergine olijfolie

Snijd met een dunschiller de schil van de sinaasappels in repen; let op dat je het witte gedeelte niet meeneemt (als dat toch gebeurt, snijd het er dan af met een mes).

Voeg de olie en sinaasappelschil toe aan een pan met dikke bodem en laat 10 minuten zachtjes pruttelen. Laat de olie niet te heet worden; we willen de sinaasappelschil niet frituren. De truc is om de olie niet te hard te laten borrelen. Als dat wel gebeurt, haal de pan dan van het vuur, laat een minuut afkoelen en zet weer terug op het vuur.

Laat afkoelen, verwijder de schil en schenk de olie in een pot.

Afgebeeld op pagina 39.

2

BASIS-
RECEPTEN

2
BASISRECEPTEN

SAHAN KHUDRA

Een bord vol groen

De Syrische keuken heeft iets waar ik dol op ben: *sahan khudra*, oftewel een bord vol groen. Dit recept is ondenkbaar zonder verse munt, in stukken gesneden Turkse pepers (uit het noorden van Syrië), ingelegde komkommer, radijsjes, verse tijm, verse citroentijm, ingelegde mini-aubergines en in kwarten gesneden rode ui. Deze passen allemaal op een bord vol groen, maar ze hoeven er niet allemaal tegelijk op. Gebruik van alle ingrediënten zoveel als jij lekker vindt.

Een gerecht waar dit bord heel goed bij past, is de *kebab hindi* op pagina 144; in plaats van met mes en vork te eten, pak je de kebab en wat je ook maar op het bord hebt liggen met een stuk pitabrood. Sommige mensen eten er graag een schijfje citroen bij, met schil en al. Voor bij de kebab hindi zou ik kiezen voor ingelegde komkommer en groene paprika, waarbij je de paprika als lepel gebruikt om alles op te scheppen.

De samenstelling van het bord vol groen verandert volledig voor het ontbijt; de genoemde ingrediënten zijn alleen voor bij gekookte maaltijden. Voor het ontbijt gebruiken we verse komkommer, tomaat, munt, tijm en rode ui, maar geen groene paprika of ingelegde groenten.

HAWADIR

Kant-en-klare lekkernijen voor onverwacht bezoek

In Syrië is iedereen altijd voorbereid om gasten te verwelkomen, uiteraard met eten. In Damascus hebben we de zogenaamde *hawadir*, wat 'kant-en-klare dingen' betekent. Deze ingrediënten hebben we altijd in huis om met onverwacht bezoek te kunnen delen: 2 of 3 verschillende potten olijven, ingelegde aubergine, kazen, gekookte en in plakjes gesneden rode biet in knoflookolie, brood en knabbels. In Syrië draait alles om eten en wat je erna gaat eten, zelfs als je naar de bioscoop gaat. Als je bij je ouders op bezoek gaat, denken ze allereerst na over wat ze je te eten zullen geven. Ik ging niet bij mijn moeder langs zonder iets te eten! We gaan niet bij elkaar langs wanneer we aan het vasten zijn, we gaan op bezoek om het vasten te doorbreken.

VOOR DE BEREIDING

✧ ✧ ✧ ✧ ✧ ✧ ✧ ✧ ✧ ✧ ✧ ✧ ✧ ✧ ✧ ✧ ✧ ✧

2 of 3 verschillende potten
   olijven
ingelegde aubergines in olijfolie
gekookte plakjes rode biet in
   knoflookolie

Je hebt deze kant-en-klare lekkernijen niet allemaal nodig voor je hawadir, maar je wilt altijd een ruime keuze in huis hebben, klaar voor als onverwacht de bel gaat.

RIZ SHAEIRIA

Rijst

In Syrië hebben we niet zoiets als 'witte rijst'; we voegen er altijd wel iets aan toe. We serveren het bij allerlei gerechten, zoals köfte (pag. 144), *tabakh roho* (pag. 181), *jaj bailfurn* (pag. 155) en heilbot in boter (pag. 170). We koken de rijst met een heel dunne pasta, capelli d'angelo, en we voegen altijd specerijen toe, anders is het gewoon saai. We denken niet eens na over zout en peper; dat gaat overal over. Het is zoals elke ochtend wakker worden. Het gaat erom wat je daarna doet.

VOOR DE BEREIDING

✦ ✦ ✦ ✦ ✦ ✦ ✦ ✦ ✦ ✦ ✦ ✦ ✦ ✦ ✦ ✦ ✦

200 g langkorrelige snelkookrijst
25 ml olijfolie
½ tl komijnzaad
50 g (ongeveer een handvol)
  capelli d'angelo (pasta,
  o.a. online)
½ tl baharat (zie pag. 32)
½ tl versgemalen zwarte peper
½ tl zout
1 el ghee of olijfolie

Was de rijst; dat moet je altijd doen. We hebben niet één recept met kleefrijst. We hebben er zelfs een term voor: *riz fal fal*, wat betekent dat de vrouw des huizes heel trots is op haar rijst als alle korrels van elkaar gescheiden zijn. Hiervoor moet de rijst heel schoon en vele malen gewassen zijn, tot het water helder is. Was de rijst in een kom koud water, giet af en herhaal twee of drie keer. We doen dit voor elk recept waarvoor je rijst nodig hebt.

Laat de rijst in vers water weken tot je de rijst gaat koken en giet dan af.

Verhit de olijfolie in een pan op hoog vuur en bak het komijnzaad ongeveer 30 seconden, tot de zaadjes verkleuren.

Blijf roeren, voeg de capelli d'angelo toe en bak 3 tot 5 minuten, tot alles goudbruin is. Zet het vuur iets lager zodat het niet gaat spetteren.

Voeg de rijst toe en roer een of twee keer door; niet te vaak. Roer de *baharat*, peper en het zout erdoor. Schenk voldoende koud water in de pan, zodat het water 2 cm boven de rijst staat. Zet het vuur hoger en roer voorzichtig door. Kook 2 minuten zonder deksel op de pan, tot het water kookt. Zet dan het vuur helemaal laag en laat 15 minuten met het deksel op de pan koken. Haal van het vuur, voeg de ghee of olijfolie toe, plaats snel het deksel terug op de pan en laat 5 tot 10 minuten staan.

Roer de rijst voorzichtig door met een vork. De rijst zal glanzen en ik durf te wedden dat je zult opscheppen over de riz fal fal, omdat hij zo luchtig is en de rijstkorrels niet aan elkaar plakken!

BULGUR

In tegenstelling tot rijst wassen we bulgur niet; het is zelfs verboden om bulgur te wassen! Het hoeft gewoon niet. Bulgur kook je op dezelfde manier als rijst, maar dan met meer olie, want bulgur is veel droger.

VOOR DE BEREIDING

❖ ❖ ❖ ❖ ❖ ❖ ❖ ❖ ❖ ❖ ❖ ❖ ❖ ❖ ❖ ❖ ❖ ❖

50 ml olijfolie
½ tl komijnzaad
50 g (ongeveer een handvol)
  capelli d'angelo (pasta,
  o.a. online)
200 g bulgur
½ tl baharat (zie pag. 32)
½ tl zwarte peper
½ tl zout
1 el ghee

Verhit de olijfolie in een middelgrote pan op hoog vuur en bak het komijnzaad ongeveer 30 seconden, tot de zaadjes verkleuren.

Blijf roeren, voeg de capelli d'angelo toe en bak al roerend 4 tot 5 minuten, tot alles goudbruin is.

Voeg de bulgur toe en roer gedurende 3 minuten; je moet meer roeren dan je met rijst zou doen, omdat de bulgur veel sneller aan elkaar plakt. Roer dan de *baharat*, peper en het zout erdoor. Voeg meer olie toe als je denkt dat het te droog wordt.

Haal de pan van het vuur en schenk er voldoende koud water bij om de bulgur met 4 cm te bedekken. De pan is heel heet, dus pas op dat het niet spettert.

Roer voorzichtig door en breng zonder deksel op de pan aan de kook. Zet dan het vuur helemaal laag en laat 15 minuten met het deksel op de pan garen.

Haal van het vuur, haal het deksel van de pan en schep de ghee erbij. Plaats het deksel terug, laat 5 minuten staan, roer los en serveer.

SHATA

Chilisaus

VOOR DE BEREIDING

❖ ❖ ❖ ❖ ❖ ❖ ❖ ❖ ❖ ❖ ❖ ❖ ❖ ❖ ❖ ❖

5 Scotch Bonnets (o.a. online)
 of een andere hete peper zoals
 Madame Jeanette
1 kleine rode ui
3 el olijfolie
1 el gedroogde munt
2 teentjes knoflook, gepeld
1 blik gepelde tomaten à 400 g
½ el gedroogde tijm
een flinke snuf zout

Verwijder de steeltjes van de chilipepers. Pel de ui en snijd in blokjes van 2 cm, of even groot als de chilipepers.

Voeg de olie met de chilipepers en ui toe aan een middelgrote pan en bak regelmatig roerend 15 tot 20 minuten op matig vuur, tot ze zacht zijn.

Voeg toe aan een keukenmachine, gevolgd door de gedroogde munt, knoflook, gepelde tomaten, tijm en het zout, en pureer glad.

Laat afkoelen, schep in een bakje en bewaar maximaal 7 dagen in de koelkast. Als je de chilisaus langer wilt bewaren, schenk er dan een paar eetlepels olijfolie overheen en sluit het bakje goed af.

GEKONFIJTEKNOFLOOKOLIE

Ik serveer deze olie overal bij, dus gebruik een goede olijfolie: hoe beter de olie, hoe beter de smaak.

De olie is lekker in hummus vanwege zijn zoete, milde knoflooksmaak. De zachte knoflookteentjes kun je op (geroosterd) brood smeren en met zout, peper en chilivlokken bestrooien en als tussendoortje eten, of schep de olie en de knoflookteentjes op labneh als mezze.

Ik heb altijd een pot hiervan in huis, dus ik maak hier een grote portie. Je kunt de hoeveelheden halveren als je niet zoveel in één keer wilt maken.

VOOR DE BEREIDING

❖ ❖ ❖ ❖ ❖ ❖ ❖ ❖ ❖ ❖ ❖ ❖ ❖ ❖ ❖

4 bollen knoflook, teentjes
  losgehaald en gepeld
400 ml extra vergine olijfolie
  van heel goede kwaliteit

Voeg de knoflook met de olijfolie toe aan een kleine pan (de teentjes moeten allemaal bedekt zijn, dus schenk er indien nodig meer olie bij) en verwarm op heel laag vuur; de knoflookolie mag niet aan de kook komen (en nooit heter worden dan 100 °C). Laat 10 tot 15 minuten zachtjes garen, tot de knoflook zacht maar niet verkleurd is. Als de olie in de tussentijd begint te borrelen, haal de pan dan van het vuur om de olie wat af te laten koelen en zet dan weer terug.

Haal van het vuur, laat volledig afkoelen en schenk in een pot. Als de knoflook volledig met olie is bedekt, is hij tot wel 8 maanden houdbaar.

(Je kunt de knoflookteentjes en de olie ook aan een kleine ovenschaal toevoegen. Zorg ervoor dat de knoflook met olie bedekt is en zet de schaal 30 tot 40 minuten in de oven op 160 °C, tot de knoflook zacht is.)

OPTIONELE TOEVOEGINGEN

❖ ❖ ❖ ❖ ❖ ❖ ❖ ❖ ❖ ❖ ❖ ❖ ❖ ❖ ❖

verse tijm, rozemarijn of laurier
reepjes schil van een onbespoten citroen

TAHINSAUS

We gebruiken deze saus overal voor: ter garnering, als dipsaus en als dressing. Het is voor ons meer een smaakmaker.

VOOR CIRCA 200 GRAM

200 g tahin
sap van 1 citroen
2 teentjes knoflook, tot pulp gewreven
1 tl zout

Meng alle ingrediënten met een garde of een keukenmachine op de laagste snelheid. De saus is nu nog vrij dik, dus voeg geleidelijk ijskoud water toe, tot je een gladde, romige saus hebt. De saus is afgedekt in de koelkast 5 dagen houdbaar.

GEBAKKEN UITJES

Dit is voor heel veel gerechten een heerlijke garnering om iets krokants toe te voegen.

VOOR CIRCA 180 GRAM

1 ui
250 ml plantaardige olie
een snufje zout

Halveer de ui en snijd of schaaf, het liefst met een mandoline, in heel dunne plakjes. Zorg dat ze allemaal even dik zijn, zodat ze even snel garen.

Verhit de olie in een pan met dikke bodem en voeg de ui toe. Bak 5 tot 10 minuten op middelhoog vuur, tot de ui heel lichtbruin is. De truc is om ze een paar seconden voor ze diepgoudbruin worden uit de pan te halen, omdat ze nog even doorgaren.

Schep de uitjes met een schuimspaan uit de pan en laat uitlekken op keukenpapier. Laat een paar minuten afkoelen, tot ze krokant zijn.

Als de uitjes nog niet krokant genoeg zijn, kun je ze over een met bakpapier beklede bakplaat verdelen en 5 tot 10 minuten in de oven op 200 °C roosteren.

INGELEGDE KOMKOMMERS
EN CHILIPEPERS

Deze zure ingelegde groenten bevatten alleen zout, geen suiker, en zijn een typisch tafelzuur uit de Levant. Het is heel belangrijk om hiervoor himalayazout te gebruiken, want dat onttrekt het vocht langzaam aan de groenten, zodat deze knapperig blijven. Tafelzout is te fijn, waardoor het inmaakproces te snel gaat en de groenten verpest worden. Met zeezout worden de groenten zacht en verliezen ze hun knapperigheid. Wil je een andere hoeveelheid maken? Houd dan voor elke liter water 2 eetlepels zout aan.

VOOR DE BEREIDING

✦ ✦ ✦ ✦ ✦ ✦ ✦ ✦ ✦ ✦ ✦ ✦ ✦ ✦ ✦ ✦ ✦ ✦ ✦

8-10 snackkomkommers
2 el himalayazout
1 l water
5-10 chilipepers
gepelde teentjes knoflook,
  zoveel als nodig

Was de komkommers, snijd aan de boven- en onderkant twee keer 1 cm in, zodat het inmaakvocht goed kan intrekken. Meng het zout met het water in een maatbeker.

Zet zo veel mogelijk komkommers en chilipepers rechtop in een doorzichtige pot naar keuze; zorg dat er zo min mogelijk ruimte tussen zit en vul grote gaten op met teentjes knoflook.

Schenk het gezouten water in de pot tot alles volledig is bedekt en sluit de pot goed af met een deksel. Zet op een droge, koele plaats uit de zon, tot de kleur is veranderd van felgroen in augurkgroen. In de zomer duurt dit 10 tot 15 dagen, in de winter 15 tot 25 dagen.

MIJN DAMASCUS

Damascus is een van de oudste steden ter wereld. Delen van de stad
zouden al 10.000 jaar bewoond zijn. En toch bestaat ze voor mij niet
meer. De stad is een fantasie geworden, een herinnering, een droom,
een fictieve plek die, zelfs als het mogelijk zou zijn om er in
veiligheid terug te keren, er niet meer is om me te verwelkomen.
Mijn Damascus is in 2012 gestorven.

Ik zou willen dat ik iedereen mijn Damascus kon laten zien. De
mensen hebben een goed hart en zijn enorm gul. De stad geeft een
warm gevoel, zelfs de muren voelen warm. Alles glimt. De muren leven,
luisteren, waken over ons. Ze stralen vriendelijkheid uit. Als je 'hallo' zegt,
antwoorden de mensen met '*tafadal*' (welkom), en ze menen het. Als ze
vragen hoe het met je gaat, kun je niet antwoorden met 'prima'. Je moet
vertellen wat er is gebeurd sinds de laatste keer dat jullie elkaar hebben
gesproken, hoe het met je familie gaat en wat zij aan het doen zijn. Dat je
oma deze details wil weten, is nog te begrijpen. Maar ook je buren en de
mensen die je tegenkomt bij de bakker, of wanneer je de straat oversteekt,
stellen deze vragen. Het kan een beetje veel zijn, maar we zijn ook een
belangrijk onderdeel van elkaars leven. We geven echt om elkaar.

Alle Syriërs zijn gul, maar in Damascus zijn ze heel trots op hun gulheid.
Onze dag is goed als we een glimlach op je gezicht weten te toveren.
Als je naar een van de markten gaat, laat iedereen je iets proeven. Niet
omdat ze willen dat je iets koopt, maar omdat ze jou gelukkig willen
maken en willen horen: 'Wauw! Wat lekker.' Dat is genoeg voor hen; geen
bijbedoelingen, geen strategie.

In mijn buurt, Al-Qasaa, wonen mensen van alle religies – joden,
christenen, moslims, sjiieten en soennieten – harmonieus bij elkaar.
We vierden kerst met onze christelijke buren! We hadden respect voor
elkaars gebruiken. Christelijke restaurants hingen kranten voor hun ramen
tijdens het islamitische vasten. Wanneer de christenen vastten, hielden wij
geen barbecue, zodat ze geen heerlijke etensgeuren roken. Wij hadden een
heel gemengde buurt, maar in de hele stad woonde iedereen zij aan zij, zoals
we al honderden jaren hadden gedaan; het was prachtig. Syrische mannen
zijn familiemannen en we waarderen onze zonen en dochters evenveel.
Natuurlijk zijn er ook uitzonderingen, maar wat ik zo fantastisch vind aan
Syriërs is het respect dat we voor elkaar hebben – voor onze ouderen, onze
partners – en hoe we voor elkaar zorgen.

Ik heb elke grote stad in Syrië bezocht, en bijna alle kleinere steden. Ik heb
vanaf de grens met Irak naar Turkije, en van Libanon tot Jordanië gereisd.

Ik ben dol op andere steden in Syrië en heb er mooie tijden beleefd – As-Suwayda en Al-Hasakah staan hoog op mijn lijstje van prachtige steden – maar Damascus is mijn ware liefde, mijn nummer één.

In Damascus behandelen we ons eten alsof er zich een liefdesverhaal tussen ons afspeelt. We pakken ons brood met de hand in en we zijn er trots op dat we alles zelf maken. Je hoeft niet te kiezen voor biologisch eten, want alles is al biologisch. Je hoeft niet naar een speciale plek om het te kopen, want je ziet het op natuurlijke wijze groeien. Tot een paar jaar geleden kocht niemand melk in plastic verpakkingen; je nam je eigen flessen mee naar de melkboer en liet ze daar vullen. Je kocht eieren rechtstreeks bij de kippenboer. Groenten kocht je in het seizoen, zelfs als dat betekende dat je met vijftig kilo aubergine naar huis ging! We vroren onze eigen bonen in voor de winter en maakten er een gezinsactiviteit van. We gingen een paar uur om de tafel zitten met twee grote kommen voor ons: eentje vol sperziebonen die gedopt moesten worden en de andere voor de glanzende groene bonen die voorzichtig uit hun peul werden gehaald. Daarna aten we een week lang sperziebonen, en de rest maanden later wanneer het sneeuwde. Hetzelfde gold voor tuinbonen. We sneden onze eigen tomaten in stukjes en bewaarden ze in potten of in de diepvries, evenals gedroogde kruiden, spinazie en *mlukhea* (een bladgroente). Het was een gezinsritueel om de blaadjes van de takjes te plukken en in de vriezer te stoppen. Alle gezinnen in Damascus deden dit. We hadden allemaal een voorraadkast of een bijkeuken met houten planken en de perfecte koele omstandigheden, zodat onze voorraad het hele jaar goed bleef. Daar bewaarden we ook de kaas. De koeien produceerden heel veel melk in de zomer na het kalveren, dus we lieten de melk lange tijd koken om er kaas van te maken en bewaarden deze zelf.

Helaas doen mensen dit bijna niet meer. De stroom kan immers elk moment voor wie weet hoelang uitvallen, waardoor alles in de diepvries of de koelruimte kan bederven. Als je googelt op afbeeldingen van Damascus, dan zie je geen warme, blozende muren meer, maar gebouwen die wit, rood, groen en zwart zijn geverfd om loyaliteit aan Assad en het regime te tonen. Of gewoon bergen rotzooi.

Mensen vragen me vaak of ik Damascus mis, maar het is mijn Damascus niet meer. Het is nu Assads Damascus. Om de twaalf uur hebben mensen een uur lang stroom. Er is geen benzine of diesel om te reizen of om de schoolbussen te laten rijden. Scholen zijn met de feestdagen twee weken dicht, niet drie dagen zoals voorheen. Het weekend valt nu op vrijdag, zaterdag en zondag, en niet vanwege een ontspannen vierdaagse werkweek! Het komt doordat de overheid geen geld heeft voor de infrastructuur, het transportnetwerk en de elektriciteit die nodig zijn om de kantoorgebouwen in bedrijf te houden. Maar als je naar de Syrische televisie kijkt, dan krijg je te horen hoe goed het leven en hoe fantastisch

Assad is. Mensen zijn gehersenspoeld of zitten in de ontkenningsfase, vrezend voor hun leven. Het is een kapot land, een verwoeste stad.

Het zat er echter al een tijdje aan te komen en misschien zaten we allemaal veel te lang in de ontkenningsfase. Ik heb nooit echte ministers of een gekozen regering meegemaakt. Zo werkt het niet in een dictatuur. In 1991 kreeg ik een auto-ongeluk. Een bus botste frontaal op mij en ik lag 47 dagen in coma. Een medisch politieagent kwam verslag uitbrengen en vertelde mijn familie dat de chauffeur in de gevangenis zat. Gerechtigheid. Maar toen herkende hij mijn oom, die ook arts was, en herinnerde zich dat ze samen training hadden gehad. Hij zei: 'Ik zal je de waarheid vertellen.' De chauffeur was van de ambassade van de Sovjet-Unie en was de dag na het ongeluk teruggekeerd naar Rusland. Er was hem dus helemaal geen straf ten laste gelegd. Hij was een vrij man. Ik heb nog steeds last van de gevolgen van dat ongeluk. De revolutie mag dan in 2011 zijn begonnen, maar de corruptie dateert van veel eerder.

Ik kan nooit meer terug. Ik ben te bang. Ik heb me te zeer uitgesproken tegen het regime, over Assad. Syrische legerleiders op *YouTube* waarschuwen de mensen die Syrië hebben verlaten dat ze worden vermoord als ze het wagen om terug te keren. We worden als verraders gezien. En ik weet zeker dat ze in de gaten houden wat sommigen van ons aan het doen zijn. Toen ik in 2019 mijn pop-uprestaurant had, sprak de Syrische media – Assads propagandamachine – over mijn imperium van restaurants in heel Europa, dat ik alleen maar had kunnen opbouwen omdat ik mijn ziel aan westerse regeringen had verkocht. Ze plaatsten foto's van mij op social media. Ik had niet eens één restaurant! Ik schreef hun om te vragen waarom ze logen, maar uiteraard reageerden ze niet op mijn berichten.

Hoewel ik de dood van mijn Damascus of van mijn moeder nooit echt zal kunnen afsluiten, heb ik de mazzel dat ik in Londen opnieuw heb kunnen beginnen – en ik gun Damascus hetzelfde. Ik hoop dat jongeren op een dag, net als ik, hun eigen 'mijn Damascus' kunnen hebben.

3

VOORGERECHTEN, MEZZE & DIPS

3

VOORGERECHTEN, MEZZE & DIPS

HUMMUS

Dit is een recept voor een grote portie hummus, want Syriërs willen altijd hummus in de koelkast hebben staan. We maken veel in één keer en eten er 2 tot 3 dagen van tijdens het ontbijt, de lunch, het avondeten en tussendoor. We eten het de hele dag door met pitabrood, maar het is ook lekker met chips en bij allerlei gerechten. Er is praktisch niets waar hummus niet bij past. Hij blijft afgedekt in de koelkast tot wel 5 dagen goed, maar als je op dag 4 vindt dat hij wat vlak van smaak is geworden, dan kun je hem met wat tahin of komijn oppeppen. Halveer gerust de hoeveelheden als je niet zo'n grote portie wilt maken.

'Hummus' in het Arabisch betekent letterlijk kikkererwten. Het is een heel traditioneel, eenvoudig recept; wij kennen geen wortel- of bietenhummus (die naar mijn mening ook niet zouden moeten bestaan!). We voegen wel heel veel toppings toe (zie pagina 70). De garnering laat ik aan jou over, maar de hummus zelf is vrij eenvoudig. We zijn weliswaar puristen als het op hummus aankomt, maar ik geef er een kleine draai aan om de smaken naar een hoger niveau te tillen.

Wat ik zo fijn vind aan het bereiden van Syrische gerechten, is dat je het op gevoel kunt doen. De recepten zijn niet gecompliceerd, zodat je ze nauwkeurig kunt volgen of kunt aanpassen en naar je eigen hand kunt zetten; het hangt er maar net van af wat jij lekker vindt. Ik zal je een hint geven in de recepten, maar ik ben benieuwd naar jouw creaties met Syrische ingrediënten. Het is geen hogere wiskunde; volg je intuïtie en voel de liefde als je ze maakt.

VERVOLG OP PAGINA 68

DE KIKKERERWTEN VOORBEREIDEN

✦ ✦ ✦ ✦ ✦ ✦ ✦ ✦ ✦ ✦ ✦ ✦ ✦ ✦ ✦ ✦ ✦ ✦ ✦

500 g gedroogde kikkererwten
½ tl zuiveringszout

Eerst moet je de kikkererwten laten weken en daarna koken; alle hummusrecepten beginnen hiermee.

Voeg de kikkererwten toe aan een grote kom en bedek met twee keer zoveel koud water; zorg dat er nog ruimte aan de bovenkant van de kom overblijft, want de kikkererwten zullen opzwellen. Laat minimaal 14 uur (maar niet langer dan 24 uur, want dan gaan de kikkererwten uitlopen) weken en ververs het water halverwege.

Giet de kikkererwten af, spoel goed af en voeg toe aan een grote pan. Bedek met vers koud water, breng aan de kook en laat 10 minuten koken. Zet dan het vuur laag tot het water zachtjes kookt. Voeg nu het zuiveringszout toe; wees voorzichtig, want het gaat schuimen. Dankzij het zuiveringszout worden de kikkererwten helemaal zacht vanbinnen en hoef je ze minder lang te koken.

Hoelang je de kikkererwten moet koken, hangt af van het soort kikkererwten dat je gebruikt. Als je Mexicaanse kikkererwten gebruikt, test ze dan na ongeveer 1 uur tot 1 uur en 15 minuten. Haal hiervoor een kikkererwt uit de pan en plet hem tussen je vingers; als hij heel erg zacht is, dan zijn de kikkererwten gaar. Dit kan tot wel 2 uur duren.

VOOR DE KNOFLOOKOLIE

✦ ✦ ✦ ✦ ✦ ✦ ✦ ✦ ✦ ✦ ✦ ✦ ✦ ✦ ✦ ✦ ✦ ✦ ✦

6 teentjes knoflook, gepeld
100 ml olijfolie

Voeg intussen de knoflook toe aan een kleine pan en bedek met de olijfolie. Breng rustig aan de kook, zet het vuur laag en bak 5 minuten, tot de knoflook gekleurd en zacht is. Giet de knoflook af en vang de olie daarbij op.

VOOR DE HUMMUS

✦ ✦ ✦ ✦ ✦ ✦ ✦ ✦ ✦ ✦ ✦ ✦ ✦ ✦ ✦ ✦ ✦ ✦ ✦

2 el komijnpoeder
1 el zout
3 el citroensap
160 g tahin
150 ml water met 4 ijsblokjes

Als je van gladde, romige hummus houdt, dan moet je de hummus pureren als hij nog warm is. Ik vind het wel lekker als de hummus wat grover is, dus ik giet de kikkererwten af, zet ze in de koelkast tot ze koud zijn en pureer ze dan. Je hebt nu ongeveer 1 kilo gekookte, uitgelekte kikkererwten.

Voeg de kikkererwten, 4 zacht geworden teentjes knoflook, het komijn-poeder, zout en citroensap toe aan een keukenmachine en begin met pureren. Voeg de tahin toe terwijl de keukenmachine draait; hierdoor wordt de hummus dikker, dus voeg meteen voldoende ijskoud water toe om de gewenste consistentie te bereiken. Ik vind het lekker als de hummus een beetje vloeibaar is, want in de koelkast wordt hij nog wat dikker.

Sprenkel er wat knoflookolie over en garneer met de overgebleven zachte teentjes knoflook.

HUMMUSTOPPINGS

GEKOOKTE KIKKERERWTEN, CHILIVLOKKEN, LENTE-UI EN PETERSELIE

❖ ❖ ❖ ❖ ❖ ❖

Houd een paar gekookte kikkererwten apart en meng met wat
knoflookolie, een snufje rode chilivlokken, een kneep citroensap, een
snufje zout, 1 fijngesneden lente-ui
en 1 eetlepel fijngehakte peterselie.
Schep de hummus in een schaaltje en
verdeel de aangemaakte kikkererwten
erover.

KNOFLOOKOLIE EN SUMAK

❖ ❖ ❖ ❖ ❖ ❖

Je kunt de knoflookolie zo over de
hummus sprenkelen, maar in het
restaurant strooien we er ook nog
een snufje sumak over.

KNOFLOOKOLIE, SUMAK EN URFA

❖ ❖ ❖ ❖ ❖ ❖

Voeg een snufje sumak, een snufje
Urfa-chilivlokken (*isot biber*,
o.a. Midden-Oosterse supermarkt)
en een kneepje citroensap toe
aan de knoflookolie. Roer tot
een dressing en sprenkel over de
hummus.

HUMMUS BIL ZAYT

Als je geen tijd hebt om zelf kikkererwten te weken en te koken, kun je ook 500 gram uitgelekte kikkererwten uit een pot gebruiken; deze zijn veel zachter dan die uit blik. Verwarm ze een paar minuten in wat kokend water. Gebruik tomaten die in het seizoen zijn; cherrytomaten, vleestomaten of andere tomaten. Trostomaten zijn altijd goed.

250 g gedroogde kikkererwten
sap van 1 citroen
2 teentjes knoflook, tot pulp
   gestampt of geraspt
1 tl zout
1 el dukkah (zie pag. 29)
1 bosje peterselie, blaadjes
   fijngehakt
2 lente-uitjes, fijngesneden
2 middelgrote tomaten,
   in blokjes
100 ml gekonfijteknoflookolie
   (zie pag. 53) of extra vergine
   olijfolie

Kook de kikkererwten zoals aangegeven op pagina 68.

Meng het citroensap met de knoflook, het zout en de *dukkah* in een kleine kom.

Voeg de nog warme uitgelekte kikkererwten toe aan een kom en meng het citroen-knoflookmengsel erdoor. Verdeel de peterselie, lente-ui en tomaten erover en besprenkel met de olie.

Dit is ook een heel lekkere topping voor hummus, als je nog wat overhebt.

VARIATIE

HUMMUS BALEVAL (KIKKERERWTEN MET YOGHURT)

Dit is hoe mijn vrouw het lekker vindt. Meng het citroensap met de knoflook, het zout en de dukkah in een kleine kom. Roer er dan 3 eetlepels Griekse yoghurt en 50 gram tahin door en voeg dit toe aan de kikkererwten. Verdeel de peterselie, lente-ui en tomaten erover en besprenkel met de olie.

HUMMUS BELLAHMA

Er zijn ontzettend veel toppings voor hummus in Damascus, maar dit is de bekendste.

VOOR DE BEREIDING

✣ ✣ ✣ ✣ ✣ ✣ ✣ ✣ ✣ ✣ ✣ ✣ ✣ ✣ ✣ ✣ ✣

2 el ghee
1 ui, fijngesnipperd
200 g lamsgehakt
1 tl baharat (zie pag. 32)
zout en versgemalen
   zwarte peper
50 g geroosterde pijnboompitten
200 g hummus (zie pag. 68)
een snufje sumak
een kleine handvol peterselie,
   blaadjes fijngehakt

Verhit de ghee in een koekenpan, voeg de ui toe en bak tot de ui iets zachter is geworden. Voeg dan het lamsgehakt en de *baharat* toe en breng op smaak met zout en peper. Bak al roerend tot het gehakt zacht en gaar maar niet krokant is. Voeg dan de pijnboompitten toe.

Spreid de hummus uit over een schaal en schep het gehaktmengsel erop. Strooi de sumak en peterselie erover en serveer.

YLANGY

Wijnbladeren

Dit gerecht is ideaal als er veganisten bij je komen eten. Ingelegde wijnbladeren vind je in potten bij Midden-Oosterse supermarkten en ze zijn online te koop. Ze worden in elkaar gerold, maar je kunt ze eenvoudig uitrollen. Laat de wijnbladeren uitlekken, snijd de steeltjes eraf en leg ze neer. Als je verse wijnbladeren kunt vinden, dan is dat natuurlijk beter. Verwijder dan het steeltje en doop de bladeren in kokend water waaraan je een theelepel zout hebt toegevoegd. Daardoor worden ze zachter en kun je ze makkelijker uitrollen.

VOOR DE GEVULDE WIJNBLADEREN

❖ ❖ ❖ ❖ ❖ ❖ ❖ ❖ ❖ ❖ ❖ ❖ ❖ ❖ ❖ ❖

200 g kortkorrelige rijst

2 grote vlees- of trostomaten, in heel kleine blokjes

1 rode ui, fijngesnipperd

1 el gedroogde munt

2 tl komijnpoeder

1 tl baharat (zie pag. 32)

50 ml olijfolie

zout en versgemalen zwarte peper

50 wijnbladeren (zie inleiding)

Was voor de vulling de rijst tot het water helder is. Voeg met de tomaten, rode ui, gedroogde munt, het komijnpoeder, de *baharat*, olijfolie en een flinke snuf zout en zwarte peper toe aan een kom en roer goed door elkaar.

Bereid de wijnbladeren voor (zie inleiding) en leg een wijnblad op je werkvlak voor je neer. Schep 1 eetlepel rijstvulling in het midden van het wijnblad, vouw de zijkanten naar binnen en rol strak op. Leg het rolletje op een schaal en herhaal met de rest van de wijnbladeren en de rijstvulling.

VOOR DE SAUS

❖ ❖ ❖ ❖ ❖ ❖ ❖ ❖ ❖ ❖ ❖ ❖ ❖ ❖ ❖

sap van 4 citroenen

500 ml water

1 el tomatenpuree

5 teentjes knoflook, fijngestampt tot een pasta

1 tl versgemalen zwarte peper

1 tl baharat (zie pag. 32)

4 el granaatappelmelasse

2 tl zout

Voeg het citroensap en water toe aan een kom en roer de tomatenpuree, knoflook, zwarte peper, *baharat*, granaatappelmelasse en het zout erdoor.

VOOR DE BEREIDING

✦ ✦ ✦ ✦ ✦ ✦ ✦ ✦ ✦ ✦ ✦ ✦ ✦ ✦ ✦ ✦ ✦ ✦

2 kruimige aardappels, geschild en in schijfjes van 1 cm

Verdeel de aardappelschijfjes over de bodem van een brede pan met dikke bodem of van een braadpan (Ø 30-35 cm). Leg de gevulde wijnbladeren netjes en strak in de pan; begin bij de rand en zorg dat er niet veel ruimte tussen de rolletjes zit.

Plaats iets zwaars op de gevulde wijnbladeren om ze goed aan te drukken. Ik heb een traditioneel gewicht dat speciaal hiervoor bedoeld is, maar je kunt ook een stapel van drie tot vijf borden erop zetten.

Haal de borden (of het gewicht) van de wijnbladeren en bedek alles met de saus; je hebt mogelijk niet alle saus nodig, dus houd de rest apart voor het geval je de saus moet aanvullen. Dek de pan strak af met aluminiumfolie of een deksel en zet op hoog vuur, tot de saus kookt. Laat 10 minuten koken, zet het vuur laag en laat 1 uur zachtjes koken.

Haal de aluminiumfolie of het deksel eraf, laat volledig afkoelen en serveer als bijgerecht of hoofdgerecht.

SAWDA

Lamslever

VOOR DE LEVER

❖ ❖ ❖ ❖ ❖ ❖ ❖ ❖ ❖ ❖ ❖ ❖ ❖ ❖ ❖ ❖ ❖

500 g lamslever, schoongemaakt
4 teentjes knoflook, gepeld
1 groene chilipeper
2 el olijfolie
1 el dukkah (zie pag. 29)
100 ml plantaardige olie
1 rode ui, fijngesneden
1 groene paprika, zaadlijsten
  verwijderd en in dunne reepjes

Snijd de lever in de lengte in lange plakjes van 1 cm dik en voeg toe aan een kom.

Maal de knoflook met de chilipeper, olijfolie en *dukkah* in een vijzel tot een pasta en voeg de helft hiervan toe aan de lamslever. Laat 1 uur marineren.

Verhit de plantaardige olie in een wok of koekenpan op hoog vuur. Voeg de lever toe aan de hete olie en roer direct. Blijf 5 tot 6 minuten roeren, tot de lever gaar en goudbruin is. Voeg dan de rode ui en groene paprika toe en bak al roerend 2 minuten. Giet de overtollige olie af, voeg de resterende knoflook-dukkahpasta toe aan de pan en roer door. Schep uit de pan en serveer met pitabrood of ander platbrood, tahin, peterselie, ingelegde komkommers en een kneep citroensap.

VOOR ERBIJ

❖ ❖ ❖ ❖ ❖ ❖ ❖ ❖ ❖ ❖ ❖ ❖ ❖ ❖ ❖ ❖ ❖

platbrood (zie pag. 82)
  of pitabrood
2-3 el tahin
een kleine handvol peterselie,
  blaadjes fijngehakt
ingelegde komkommers
  (zie pag. 56)
½ citroen, om het stap erboven
  uit te knijpen

FAMILIE

VOOR SYRIËRS is familie heel belangrijk, en onze families zijn groot! Mijn vader had veertien broers en zussen en de laatste keer dat iemand heeft geteld, hadden we 98 directe neven en nichten. Als we allemaal bij elkaar waren, was het altijd lawaaiig, chaotisch en ontzettend gezellig. Mijn familie is zo uitgebreid dat het eigenlijk onmogelijk is om met iedereen contact te houden, vooral nu er zovelen Syrië hebben verlaten en verspreid over de wereld wonen. Vorig jaar kwam een bezorger bij het restaurant een pakketje afleveren. Hij vertelde me dat hij ook een Syriër uit Damascus was, en dat hij met zijn ouders was vertrokken om aan Assad te ontsnappen. Terwijl we over onze ervaringen stonden te kletsen, noemde hij toevallig zijn achternaam en zo kwamen we erachter dat we neven waren! Zijn moeder was mijn tante. Zo groot en wijdverspreid zijn Syrische families dus. Maar we kunnen elkaar nooit lang ontlopen!

Familie vormt een heel belangrijk onderdeel van de Syrische cultuur, misschien nog wel belangrijker dan het eten. Voordat de oorlog uitbrak en zovelen van ons het land ontvluchtten, woonden we dicht bij elkaar in de buurt, bijna naast elkaar. Elkaar zien en tijd met elkaar doorbrengen was een prioriteit. Ik zag mijn moeder een paar keer per week en ik belde haar elke dag als ik haar niet had gezien. Syriërs hebben respect voor ouderen. Dat heeft niets te maken met plichtsbesef; we willen echt zorgen voor de eerdere generaties die zich overal doorheen hebben geslagen en ons zoveel hebben gegeven. En het geldt niet alleen voor familie. We noemen iedereen die ouder is dan wij oom of tante, als blijk van onze affectie. We zeggen nooit 'meneer', want dat zou te formeel en zelfs onbeleefd zijn. Mijn dochters noemen onze buurman hier oom David!

Nu we in het Verenigd Koninkrijk wonen, is het natuurlijk lastiger om met iedereen contact te houden en die relaties te onderhouden. We hebben telefoon en social media, maar het is gevaarlijk voor degenen die nog in Syrië wonen om contact met mij te hebben, dus ze proberen afstand te houden. Het is verdrietig, maar ik neem het ze niet kwalijk. Angst voor het regime is overal en je kunt niet voorzichtig genoeg zijn. Als ik geld naar ze zou sturen, al was het maar 50 dollar, dan kunnen ze in de gevangenis belanden. Het is illegaal om buitenlands geld te ontvangen en de autoriteiten zouden het beschouwen als loyaliteit aan *ISIS*. Ze zoeken gewoon naar redenen om je te arresteren of je te laten verdwijnen.

Doordat ik in het Verenigd Koninkrijk woon, is mijn directe familiekring veel kleiner. Mijn zus en haar gezin wonen in Doncaster, en mijn vader woont daar een groot deel van de tijd ook. We zien elkaar zo vaak mogelijk, maar meestal ben ik alleen met mijn vrouw en mijn drie dochters. Mijn dochters zijn alles voor me. Ze zijn mijn grootste prestatie, de lichtpuntjes in mijn leven. Ik word elke dag voor hen wakker. Als ik hen hoor lachen, of als een van hen me omhelst of me vertelt dat ik lekker heb gekookt, dan voelt het alsof ik verder niets nodig heb. Dana, Lana en Mariam: ik kan oprecht niet in woorden uitdrukken hoeveel ik van ze houd. Het zijn geweldige en intelligente jonge vrouwen. Na alles wat we hebben meegemaakt, wil ik alleen maar dat ze gelukkig zijn. Ik weet nu dat niets zeker is, je kunt er niet op vertrouwen dat alles bij hetzelfde blijft. Ons geluk wanneer we als gezin bij elkaar zijn, is het enige wat telt.

Mensen zeggen dat ik te veel over mijn dochters praat, maar een van de redenen waarom ik zoveel van ze houd, is omdat ze van mijn vrouw zijn. Batool: absoluut mijn betere helft. De liefde van mijn leven die me kalmeert, steunt, me op de been houdt als ik me verloren voel. Er zijn honderden redenen waarom ik van haar houd, want ze is een fantastische vrouw. We zijn al meer dan twintig jaar getrouwd, maar ik voel me nog net zo jong als toen we net samen waren. Mijn moeder heeft ons aan elkaar voorgesteld. Ze had me uitgenodigd voor een familiebijeenkomst en ik had het gevoel dat ze me aan iemand wilde koppelen. Ik had geen interesse. Ik wilde zelf een partner vinden en niet voorgesteld worden aan een van de vriendinnen van mijn tante! Ik ging naar het feest om mijn moeders ongelijk te bewijzen en had me voorgenomen deze persoon totaal niet leuk te vinden. Maar zodra ik Batool zag, was ik verloren. Ik zweer het, ik wist het meteen. Het voelde alsof we elkaar al jaren kenden. Het verliep zo ontspannen tussen ons, alsof we al getrouwd waren. Het was een ongelooflijk vreemd en nieuw gevoel.

Een van de redenen dat ik van koken houd, is natuurlijk omdat het me verbindt met al die herinneringen, die geschiedenis, die cultuur van mijn familie, van de mensen om ons heen, allemaal gecombineerd in de smaken, in elk gerecht. Hoe ieder persoon iets lekker vindt: minder pittigheid, meer yoghurt, ieders favoriete verse kruiden. Overal ter wereld gebeurt hetzelfde: geheime familierecepten worden doorgegeven, je maakt de gerechten van je moeder uit je jeugd na, en je geeft de tradities en rituelen door aan je eigen kinderen. Het is waar we vandaan komen; het is ons verleden en de toekomst.

Wanneer je op de grond slaapt, wanneer je vreest voor je leven, wanneer je het moeilijk hebt, dan heb je een andere relatie met je familie. Je gaat je dierbaren nog meer waarderen. Maar ik hoop dat jij niet hoeft te doorstaan wat ik heb meegemaakt om van je familie te houden zoals ik doe. Houd nu al van ze.

KHUBZ

Platbrood

Ik maak graag een paar broden extra, zodat ik ze kan gebruiken voor gerechten als *fattoush* op pagina 107.

VOOR DE BEREIDING

❖ ❖ ❖ ❖ ❖ ❖ ❖ ❖ ❖ ❖ ❖ ❖ ❖ ❖ ❖ ❖ ❖ ❖

570 g bloem voor witbrood, plus extra om te bestuiven
1 tl zout
1 tl suiker
1 el gedroogde gist
400 ml lauw water

Meng de bloem met het zout, de suiker en gist in de kom van een elektrische standmixer of een grote kom.

Schenk geleidelijk het water erbij en meng erdoor, of stort het deeg op een met bloem bestoven werkvlak en kneed tot een zacht, niet plakkerig deeg (4 tot 6 minuten in de standmixer of 8 minuten met de hand). Laat afgedekt 30 tot 60 minuten rijzen, tot het deeg in omvang is verdubbeld (de duur hangt af van hoe warm je huis is).

Druk de lucht uit het deeg. Leg het op een met bloem bestoven werkvlak en verdeel in 12 tot 14 bollen ter grootte van een golfbal. Dek af met een schone theedoek en laat 30 minuten rijzen.

Rol elke bol met een deegroller uit tot een cirkel van 5 mm dik.

Verhit een wok zonder antiaanbaklaag ondersteboven op middelhoog vuur en besproei met water. Leg een deegcirkel op de omgekeerde wok, bak 30 seconden, keer om en bak de andere kant 20 seconden. Je kunt dit ook in een koekenpan doen. Haal het platbrood uit de pan, wikkel in een vochtige theedoek en herhaal met de rest van het deeg; besproei de wok na elk gebakken platbrood met wat water.

LABNEH

Met dit recept maak je een flinke portie labneh, maar je kunt hem tot wel 10 dagen in de koelkast bewaren. Hieronder staat het oorspronkelijke basisrecept, maar je kunt er tijdens het maken of vlak voor het serveren kruiden naar keuze aan toevoegen om extra smaak aan de labneh te geven. In het restaurant mengen we 2 eetlepels gedroogde munt en 1 eetlepel gedroogde tijm door de yoghurt. Daarnaast voeg ik een kneep citroensap toe, omdat de yoghurt hier iets zoeter is dan in Syrië.

Gebruik deze labneh zoals een zachte kaas: smeer op geroosterd brood of pitabrood, of eet hem 's ochtends met za'atar, olijven en wat olijfolie. Een favoriete toevoeging is in korianderolie (zie pagina 37) gefrituurde okra, gegarneerd met verse koriander en pul biber.

VOOR DE BEREIDING

✧ ✧ ✧ ✧ ✧ ✧ ✧ ✧ ✧ ✧ ✧ ✧ ✧ ✧ ✧ ✧

1 kg Griekse yoghurt
een kneepje citroensap
    (¼ citroen)
1 tl zout

Roer de yoghurt, het citroensap en zout goed door elkaar en laat uitlekken in een zeef; wij hebben hier een speciale zeef voor, maar je kunt de yoghurt ook boven een kom laten uitlekken in een met een schone, droge theedoek beklede vergiet. Laat 12 uur in de koelkast uitlekken, schep de uitgelekte yoghurt in een luchtdicht afsluitbaar bakje en bewaar in de koelkast.

TE VEEL?

✧ ✧ ✧ ✧ ✧ ✧ ✧ ✧ ✧ ✧ ✧ ✧ ✧ ✧ ✧ ✧

Als je echt denkt dat je te veel labneh hebt, dan zijn er heel veel manieren om hem te verwerken. Maak er bijvoorbeeld labneh *mudaebila* van.

Bekleed een platte schaal met een schone, droge theedoek, schep de labneh erop en laat 2 dagen in de koelkast verder uitdrogen. Rol de gedroogde labneh tot balletjes. Je kunt deze nu door de sumak, za'atar, gedroogde munt of een andere smaakmaker rollen. Bewaar bedekt met olijfolie in een gesteriliseerde pot; zo blijven ze een aantal maanden goed.

MTAFAYT BAMYEH

Okra en labneh

VOOR DE BEREIDING

✦ ✦ ✦ ✦ ✦ ✦ ✦ ✦ ✦ ✦ ✦ ✦ ✦ ✦ ✦ ✦ ✦ ✦ ✦

250 g okra (o.a. Midden-
   Oosterse supermarkt)
2 el olijfolie
4 el korianderolie (zie pag. 37)
een snufje sumak
een snufje pul biber
   (o.a. Midden-Oosterse
   supermarkt) of gewone
   chilivlokken
200 g labneh (zie pag. 87)

Was de okra, verwijder de steeltjes en droog ze in een schone theedoek. Snijd vervolgens in lange, dunne repen.

Verhit de olijfolie in een koekenpan op middelhoog vuur, voeg de okra toe en bak rondom in ongeveer 5 minuten goudbruin en krokant.

Haal uit de pan en voeg toe aan een grote kom. Voeg de korianderolie, sumak en chilivlokken toe en meng door elkaar.

Schep de labneh op een bord en leg de okra erop. Schenk de rest van de korianderolie uit de kom erover.

Serveer direct.

BABA GANOUSH

Voor dit recept heb je grote aubergines nodig. Je mag zelf weten hoe je ze wilt blakeren: in het restaurant doen we dat boven een vlam, maar je kunt het ook in de oven doen. Beide methoden staan hieronder vermeld. Je kunt de baba ganoush garneren met een van de toppings hiernaast, of gewoon zo eten.

Afgebeeld op pagina 92.

VOOR DE BEREIDING

❖ ❖ ❖ ❖ ❖ ❖ ❖ ❖ ❖ ❖ ❖ ❖ ❖ ❖ ❖ ❖

3 grote aubergines
sap van 1 citroen
4 gekonfijte teentjes knoflook
  (zie pag. 53)
1 tl komijnpoeder
1 tl zout
100 g tahin
stapel platbrood (zie pag. 82)
olijfolie, om te besprenkelen
  (optioneel, zie hieronder)

Snijd elke aubergine vanaf de steel in de lengte aan beide kanten ongeveer 5 mm in. Hierdoor wordt het makkelijker om het zachte, gare vruchtvlees eruit te scheppen.

Ga je de aubergines in de oven blakeren? Verwarm de oven dan voor tot 240 °C en rooster ze regelmatig kerend 30 minuten op een bakplaat in de oven. Ga je ze boven vuur (op een gasfornuis of op de barbecue) blakeren? Houd de aubergines dan voorzichtig met een tang boven het vuur en draai regelmatig. Het vel moet heel zwart worden en de aubergine moet verschrompelen. De vorm, het formaat en het vochtgehalte is bij elke aubergine anders, maar kijk naar de inkeping: als het vruchtvlees er donkerbruin uitziet, dan is de aubergine in het midden gaar. Laat iets afkoelen, tot je de aubergines kunt vastpakken.

Halveer de aubergines in de lengte. Leg drie helften met de schil apart. Schep het vruchtvlees uit de andere drie helften in een keukenmachine (gooi de schil hiervan weg). Voeg de drie auberginehelften met schil toe aan de keukenmachine, gevolgd door het citroensap, de knoflook, het komijnpoeder en zout, en pureer vrij glad. De geblakerde schil voegt een heel intense rooksmaak toe. Meng de tahin erdoor en serveer met een stapel platbrood, besprenkeld met olijfolie of een van de toppings hiernaast.

Je kunt de ingrediënten ook fijnhakken in plaats van te pureren voor een grover resultaat.

TOPPINGS

✤ ✤ ✤ ✤ ✤ ✤ ✤ ✤ ✤ ✤ ✤ ✤ ✤ ✤ ✤ ✤ ✤

- tahinsaus (zie pag. 54), erover gesprenkeld
- granaatappelmelasse, granaatappelpitjes en wat olijfolie
- fijngesneden cherrytomaten en olijfolie
- fijngehakte rozemarijn
- fijngehakte peterselie (deze voegen we meestal naast een andere topping toe)

Mijn favoriete topping: snijd 2-3 lente-uitjes in reepjes van 5 mm. Bak met 2 geperste teentjes knoflook in 50 milliliter extra vergine olijfolie. Voeg een snufje zout toe. We voegen ook graag wat fijngehakte rozemarijn toe.

MUHAMMARA

Het is belangrijk om hiervoor puntpaprika's te gebruiken, omdat die een minder taaie schil hebben dan gewone paprika's. Gebruik je gewone paprika's? Leg ze na het roosteren in een kom, dek direct af met plasticfolie en laat afkoelen. Op die manier kun je eenvoudig de taaie, geblakerde velletjes verwijderen.

VOOR DE BEREIDING

❖ ❖ ❖ ❖ ❖ ❖ ❖ ❖ ❖ ❖ ❖ ❖ ❖ ❖ ❖ ❖ ❖

5 rode puntpaprika's
2 rode chilipepers
75 g walnoten
4 el rodepaprikapuree
    (o.a. Midden-Oosterse
    supermarkt)
1 tl korianderpoeder
1 tl komijnpoeder
½ tl zout

Verwarm de oven voor tot 230 °C. Leg de paprika's en chilipepers naast elkaar op een grote bakplaat en rooster 20 tot 25 minuten in de oven, halverwege kerend, tot de schil aan beide kanten geblakerd is. Laat iets afkoelen en verwijder de steeltjes van de paprika's en chilipepers.

Verdeel de walnoten over een andere bakplaat en rooster 5 minuten in de oven. Haal uit de oven en laat afkoelen.

Pureer de chilipepers met de rodepaprikapuree, het korianderpoeder en komijnpoeder in een keukenmachine tot een pasta. Voeg de geroosterde paprika's, walnoten en het zout toe en hak op de pulseerstand grof; het moet geen gladde pasta worden.

VOOR ERBIJ

❖ ❖ ❖ ❖ ❖ ❖ ❖ ❖ ❖ ❖ ❖ ❖ ❖ ❖ ❖ ❖ ❖

2 el granaatappelmelasse
een klein bosje peterselie,
    blaadjes fijngehakt
½ rode ui, fijngesnipperd
een handvol granaatappelpitjes
extra vergine olijfolie, om te
    besprenkelen

Verwarm de oven voor tot 220 °C. Schep de paprikadip in een kom of op een bord en sprenkel de granaatappelmelasse erover. Garneer met peterselie, rode ui, granaatappelpitjes en wat olijfolie.

LABAN

Yoghurt

VOOR 2 LITER

2 l volle melk
4 el zelfgemaakte yoghurt van 10 dagen oud

Breng de melk in een grote pan aan de kook. Haal van het vuur en schenk in een hittebestendige, het liefst een ondoorzichtige, aardewerken pot. Laat afkoelen tot 45-50 °C, of tot je een vinger een paar seconden in de hete melk kunt houden.

Voeg de yoghurt toe aan de melk en meng goed door elkaar. Dek de pot af met een theedoek of een grote doek, wikkel het geheel in een deken of een grote lap dikke stof en zet minimaal 12 uur op een koele, droge plaats buiten het zonlicht.

Haal de deken/dikke stof en theedoek/doek eraf en zet de yoghurt onafgedekt nog 12 uur in de koelkast.

Bewaar in de koelkast en gebruik de laatste paar eetlepels om het proces te herhalen, of maak er labneh of labneh *mudaebila* (zie pag. 87) van.

LABAN BIKHIAR

Yoghurtsalade

Yoghurt behoort zuur te zijn. De yoghurt die in Europa verkrijgbaar is, smaakt vaak zoeter. Ga daarom op zoek naar de beste zure yoghurt die je kunt vinden.

VOOR 400 GRAM

½ komkommer
350 g Griekse of zelfgemaakte yoghurt (zie links)
2 teentjes knoflook, fijngeraspt of tot puree gewreven
2 el gedroogde munt
een flinke snuf zeezoutvlokken
sap van ½ citroen (optioneel)

Rasp de komkommer boven een mengkom, voeg de yoghurt, knoflook, gedroogde munt en zeezoutvlokken toe en meng door elkaar. Voeg naar smaak citroensap toe als de yoghurt zoet smaakt.

MIJN MOEDER

MIJN MOEDER WAS net zoals mijn Damascus: gul, ijverig en vol liefde voor iedereen om haar heen. En net als mijn Damascus is ze gestorven zonder dat ik fatsoenlijk afscheid heb kunnen nemen, zonder het te kunnen afsluiten. Maar dat betekent niet dat ik niet nog steeds van beide houd. Ik droom over ze, praat met ze, maar ik weet dat ik geen van beide ooit van mijn leven nog zal zien.

Ik heb alles aan mijn moeder te danken. Alles wat ik doe, denk of zeg, is door haar beïnvloed. Mijn kookkunsten, mijn recepten, mijn lippen, mijn korte vingers, dat ik Engels spreek. Zelfs het decor in het restaurant is geïnspireerd op de dingen waar zij van hield: de planten, potten en verzamelingen in haar huis. Ik zie iets van mijn moeder in al mijn dochters, en daardoor houd ik nog meer van ze.

Ik praat niet veel over mijn vader, omdat ik zo op hem lijk. Hij zei altijd tegen me dat hij wilde dat ik een betere versie van hem werd. Ik denk dat de enige mensen van wie je oprecht kunt zeggen dat je wilt dat ze het beter doen dan jij, je eigen kinderen zijn. Toen ik zes of zeven jaar oud was, gaf mijn vader me een rondleiding door het familiebedrijf om me te laten zien wat ik op een dag als oudste zoon zou erven, wat ik zou worden. Dit was mijn pad. Bijna mijn hele familie zat in de textielindustrie: ooms, tantes, neven, nichten. Dat was wat we deden. Ik werd logischerwijs modeontwerper en ik vond het geweldig! Ik heb het lange tijd gedaan, voordat ik mijn weg naar eten vond. In Syrië moet je op je achttiende in militaire dienst, maar zelfs als kind was ik nooit geïnteresseerd in spelen met wapens. Dus in plaats daarvan ging ik naar Dubai om mode te studeren en opende zelfs mijn eigen ontwerpstudio. Ik was 20 of 21 jaar oud en had een succesvol modebedrijf. Maar in mijn hart wist ik dat dit niet mijn pad was.

Ik begon mijn eerste restaurant in 2000 en dat was een belangrijk moment voor mijn moeder. Zij was degene die me had leren koken, die me alles had geleerd wat ik over eten wist. De rest van de familie was werkzaam in de mode of als ontwerper, maar ik had gekozen voor de horeca. Op de een of andere manier had mijn moeder het gevoel dat ze had gewonnen en ze was heel erg trots.

Mijn moeder was een geweldig mens en zat vol vreugde. Ik wilde dat ze meer van de wereld zag, meer uit het leven haalde, maar zij haalde haar geluk uit creatief en productief bezig zijn. Ze weefde tapijten, tekende op glas en beschilderde zijde. Ik ontwierp een donkerblauwe jas en zij borduurde er met gouddraad op; het was het mooiste wat ik ooit had gezien. Ze was zo creatief, altijd op zoek naar iets nieuws.

Ze had een prachtige glimlach en ze straalde echt, omdat ze comfortabel was met zichzelf. Ze had een innerlijke vrede. Ze wist hoe ze anderen moest aanmoedigen om het beste uit zichzelf te halen en ze vond altijd een manier om te helpen. Als iemand het moeilijk had, dan was ze er. Ze gaf les in Engels en wiskunde en werkte graag met kinderen met een rugzakje. Ze had haar eigen speciale manier om dingen uit te leggen en je kon uren naar haar luisteren. Ze leerde me niet alleen koken, maar ook om een beter mens te zijn. Ze leerde me meer dan ik ooit zal begrijpen of volledig zal beseffen: niet egoïstisch zijn, maar anderen helpen en aardig zijn. Dat ik een geweldige relatie met mijn vrouw en dochters heb, komt denk ik voornamelijk door haar. Ze zorgde voor iedereen om haar heen: haar familie, haar buren. Iedereen hield van haar. Toen ik Syrië verliet, kon ik het niet verdragen dat ik mijn vrouw en kinderen moest achterlaten, maar zij nam mijn angst weg, wetende dat zij voor hen zou zorgen.

Haar leven was relatief kort, maar wel rijk. Als ze nu nog zou leven, dan zou mijn leven oprecht veel eenvoudiger zijn geweest. Ik zou het haar gewoon kunnen vragen, in plaats van me af te vragen wat zij zou doen. Ik weet dat het zinloos is, maar ik zou willen dat ze me nu kon zien, dat ik met haar kon praten over wat ik doe. Ik denk dat ze het fantastisch had gevonden om te zien dat mensen bij elkaar komen om te genieten van Syrisch eten, van mijn recepten, dat haar recepten voortleven.

Mijn moeder overleed toen ik nog maar vijftig dagen in het Verenigd Koninkrijk was. Ik was alleen en zij lag in het ziekenhuis. Twee dagen voor ze stierf, vroeg ik mijn tante of ik met mijn moeder mocht praten, omdat ik het gevoel had dat het de laatste keer zou zijn. Maar mijn tante zei dat ik dat niet moest zeggen, dat het wel goed zou komen en dat ik niemand ongerust moest maken. Mijn vrouw Batool was bij haar vlak voor ze overleed. Ze zegt dat mijn moeder haar ogen opende en tegen haar zei: 'Zeg tegen Imad dat ik van hem houd en dat ik blij met hem ben. Hij heeft mijn goedkeuring.'

TABBOULEH

De citroen, zwarte peper en peterselie vormen de sleutel tot deze salade. Hij moet zuur en fris zijn om de rijke smaak van een hoofdgerecht te compenseren; we zouden deze salade nooit zonder iets erbij bestellen.

VOOR DE BEREIDING

❖ ❖ ❖ ❖ ❖ ❖ ❖ ❖ ❖ ❖ ❖ ❖ ❖ ❖ ❖ ❖

100 g fijne bulgur
2 onbespoten citroenen
een flinke snuf zout
1 tl versgemalen zwarte peper
2-3 grote bosjes peterselie,
   blaadjes fijngehakt
1 kropje little gem, fijngehakt,
   plus blaadjes voor erbij
3 tomaten, zaadlijsten
   verwijderd en in kleine blokjes
1 kleine rode ui, fijngesnipperd

Bedek de bulgur met vers water. Knijp het sap van 1½ citroen erboven uit en laat 1 uur wellen. Giet daarna indien nodig overtollig water af.

Voeg het zout en de zwarte peper toe en roer de bulgur los met een vork. Snijd de overgebleven halve citroen heel fijn en voeg met de peterselie, little gem, tomaten en rode ui toe aan de bulgur. Meng alles goed door elkaar.

VOOR ERBIJ

❖ ❖ ❖ ❖ ❖ ❖ ❖ ❖ ❖ ❖ ❖ ❖ ❖ ❖ ❖ ❖

een handvol granaatappelpitjes
schijfjes citroen
extra vergine olijfolie

Leg een paar blaadjes little gem in een schaal en schep de *tabbouleh* erin. Garneer met de granaatappelpitjes, een paar schijfjes citroen en wat olijfolie en serveer.

JIRJIR

Rucolasalade

VOOR DE BEREIDING

❖ ❖ ❖ ❖ ❖ ❖ ❖ ❖ ❖ ❖ ❖ ❖ ❖ ❖ ❖ ❖ ❖ ❖ ❖

geraspte schil en sap van
  1 onbespoten citroen
3 el extra vergine olijfolie
1 el za'atar
1 tl sumak
250 g halloumi, in blokjes
  van 2 cm
3 handenvol rucola
400 g watermeloen, in blokjes
  van 2 cm

Meng de geraspte citroenschil met het citroensap, de olijfolie, za'atar en sumak in een kom. Voeg de halloumi toe en meng goed door elkaar.

Verdeel de rucola en watermeloen over een grote platte schaal, gevolgd door de aangemaakte halloumi. Je kunt alles door elkaar mengen, of de salade gewoon zo serveren.

SALADEVARIATIES

BIWAS

Deze salade zit boordevol smaak en is zeer verfrissend voor de smaakpapillen.

VOOR 4 PERSONEN ALS BIJGERECHT

1 grote rode ui, in dunne ringen
een grote handvol peterselie, blaadjes fijngehakt
3 el granaatappelmelasse
sap van ½ citroen
een snufje zout
een snufje sumak

Meng alle ingrediënten in een kom en serveer.

DAKA

Deze heel traditionele Syrische salade is beroemd in Palestina en past prima bij visgerechten. Hij is verfrissend en citroenachtig.

VOOR 4 PERSONEN ALS BIJGERECHT

2 teentjes knoflook
een snufje zout
1 groene chilipeper, fijngesneden
2 rijpe trostomaten, in blokjes
4 lente-uitjes, fijngesneden
een handvol peterselie, blaadjes grofgehakt
1 el extra vergine olijfolie
sap van 1 citroen

Hak de knoflook met een snufje zout heel fijn. Je kunt ze ook samen in een vijzel fijnwrijven.

Voeg toe aan een kom met de chilipeper, tomaten, lente-ui en peterselie. Roer de olijfolie en het citroensap erdoor en serveer.

CHERMOULA

Deze saus zit boordevol verse kruiden, maar dankzij de olie kun je hem in een luchtdicht afgesloten bakje in de koelkast goed bewaren.

VOOR 4 PERSONEN ALS BIJGERECHT

2 teentjes knoflook
1 ingelegde citroen (o.a. Midden-Oosterse supermarkt)
1 el kappertjes
een kleine handvol koriander, blaadjes en steeltjes fijngesneden
een kleine handvol peterselie, blaadjes en steeltjes fijngesneden
100 ml extra vergine olijfolie
¼ tl korianderpoeder
¼ tl komijnpoeder
geraspte schil en sap van ½ onbespoten citroen
zout

Snijd de knoflook, ingelegde citroen en kappertjes fijn. Voeg de koriander en peterselie toe en meng met de olijfolie, het korianderpoeder, komijnpoeder, de citroenschil, het citroensap en zout naar smaak in een kom, of hak pulserend in een keukenmachine redelijk grof.

De saus is afgedekt tot een week houdbaar in de koelkast.

FATTOUSHSALADE

VOOR DE FATTOUSH

❖ ❖ ❖ ❖ ❖ ❖ ❖ ❖ ❖ ❖ ❖ ❖ ❖ ❖ ❖ ❖

½ tl sumak
½ tl gedroogde tijm
½ tl gedroogde oregano
een snufje zout

1 el olijfolie
1 dun platbrood (zie pag. 82) of
   een bloemtortilla, in dunne
   repen

Verwarm de oven voor tot 200 °C.

Meng de sumak met de tijm, oregano, het zout en de olijfolie en
wentel de reepjes brood erdoor. Verdeel in een enkele laag over een
bakplaat en rooster in de oven in 5 minuten krokant en goudbruin.

VOOR DE DRESSING

❖ ❖ ❖ ❖ ❖ ❖ ❖ ❖ ❖ ❖ ❖ ❖ ❖ ❖ ❖

2 el extra vergine olijfolie
1 el appelciderazijn
½ el granaatappelmelasse
1 tl sumak

Voeg alle ingrediënten voor de dressing toe aan een pot
en schud goed.

VOOR DE GEPRAKTE AVOCADO

❖ ❖ ❖ ❖ ❖ ❖ ❖ ❖ ❖ ❖ ❖ ❖ ❖ ❖ ❖

1 avocado, geschild en ontpit
½ rode ui, fijngesnipperd
sap van ½ citroen
½ rode chilipeper, fijngehakt
   (optioneel)

Meng alle ingrediënten in een kom, prak met een vork glad
en zet apart.

VOOR DE SALADE

❖ ❖ ❖ ❖ ❖ ❖ ❖ ❖ ❖ ❖ ❖ ❖ ❖ ❖ ❖

1 krop romainesla, fijngesneden
100 g tros- of vleestomaten, in
   blokjes van 1 cm
100 g granaatappelpitjes
3 snackkomkommers, in blokjes
   van 1 cm
40 g groene olijven, ontpit en in
   stukjes gescheurd
sinaasappelolie (optioneel,
   zie pag. 37), voor erbij

Meng de ingrediënten voor de salade tot en met de groene olijven
met de dressing. Schep de geprakte avocado erop, verdeel de
geroosterde reepjes platbrood erover en besprenkel eventueel met de
sinaasappelolie.

SAROJA

Mini-aubergines en kaas

Saroja is een wijk in Damascus, in de buurt van waar ik woonde. Dit gerecht brengt me in gedachten terug naar die plek.

VOOR DE GROENTEN

❖ ❖ ❖ ❖ ❖ ❖ ❖ ❖ ❖ ❖ ❖ ❖ ❖ ❖ ❖ ❖ ❖ ❖

350 g mini-aubergines
  (o.a. Midden-Oosterse
  supermarkt)
90 g panko (Japans
  broodkruim)
2 eieren
1 el za'atar
1 tl zout
½ tl komijnpoeder
wat grofgemalen zwarte peper
een kleine handvol peterselie,
  blaadjes fijngehakt
olijfolie, om te besprenkelen

Verwarm de oven voor tot 200 °C.

Verwijder de steeltjes van de aubergines. Halveer elke aubergine in de lengte, snijd elke helft in plakjes van 1 cm dik en voeg de aubergineplakjes toe aan een kom gezouten water.

Zet 2 middelgrote kommen klaar. Voeg de panko toe aan de ene kom en de eieren aan de andere. Klop de eieren los met de za'atar, het zout, komijnpoeder, de peper en peterselie.

Giet de aubergine af en dep droog met keukenpapier.

Bekleed een grote bakplaat met bakpapier. Wentel elk plakje aubergine door het eimengsel en daarna door de panko, tot alle plakjes goed bedekt zijn. Leg de gepaneerde plakjes aubergine op de beklede bakplaat.

Besprenkel elk plakje aubergine met wat olijfolie en bak 20 minuten in de oven.

VOOR DE KAAS

❖ ❖ ❖ ❖ ❖ ❖ ❖ ❖ ❖ ❖ ❖ ❖ ❖ ❖ ❖ ❖ ❖

100 g feta, verkruimeld
100 g halloumi, geraspt
1 tl zwart sesamzaad
1 tl geroosterd wit sesamzaad
4 el dadelstroop (o.a. Midden-
  Oosterse supermarkt)
2 el zure-kersenmelasse
  (o.a. online)
een kleine handvol munt,
  blaadjes fijngehakt

Meng de feta met de halloumi, het zwarte sesamzaad en geroosterde witte sesamzaad in een kom.

Meng in een andere kleine kom de dadelstroop met de zure-kersenmelasse.

Verdeel het kaasmengsel over een platte schaal of een paar borden en leg de krokante aubergine erop. Sprenkel het dadelstroopmengsel erover en garneer met de fijngehakte munt

SBANAKH KHUDRA

Spinazie

VOOR 4 PERSONEN
ALS BIJGERECHT

VOOR DE BEREIDING

❖ ❖ ❖ ❖ ❖ ❖ ❖ ❖ ❖ ❖ ❖ ❖ ❖ ❖ ❖ ❖ ❖

800 g bladspinazie
50 ml olijfolie
1 rode ui, fijngesnipperd
1 tl versgemalen zwarte peper
3 teentjes knoflook,
  fijngewreven
een handvol verse koriander,
  blaadjes grofgehakt

2 el granaatappelmelasse
een handvol granaatappelpitjes
een flinke snuf zeezoutvlokken
gekookte rijst (zie pag. 48),
  voor erbij

Was de spinazie zorgvuldig in een groot vergiet, indien nodig in
porties. Verwijder eventuele grote, taaie steeltjes, scheur de blaadjes
grof en zet apart.

Verhit de olijfolie in een grote pan op middelhoog vuur, voeg de rode
ui en zwarte peper toe en bak 3 tot 4 minuten, tot de ui wat zachter
is. Voeg dan de knoflook en koriander toe, bak 1 minuut en voeg
de spinazie toe. Afhankelijk van de spinaziesoort duurt het 1 tot
3 minuten voordat de blaadjes geslonken zijn, dus blijf roeren tot de
spinazie net gaar en nog felgroen is.

Schep op een bord en garneer met de granaatappelmelasse,
granaatappelpitjes en zeezoutvlokken. Serveer met gekookte rijst.

Geplette nieuwe aardappels

VOOR DE BEREIDING

❖ ❖ ❖ ❖ ❖ ❖ ❖ ❖ ❖ ❖ ❖ ❖ ❖ ❖ ❖ ❖ ❖ ❖

1 kg nieuwe aardappels
   of krieltjes
4 el olijfolie
zout en versgemalen zwarte
   peper
2 teentjes knoflook, geperst

Verwarm de oven voor tot 200 °C.

Kook de aardappels in een grote pan gezouten water in 8 tot
10 minuten gaar. Giet af en laat een paar minuten droogstomen.

Verdeel de aardappels over een grote bakplaat, sprenkel er 3 eetlepels
olijfolie over en bestrooi met een flink snuf zout en peper. Kneus
elke aardappel licht met de onderkant van een glas, zodat ze
openbarsten en rooster 20 minuten in de oven.

Meng de knoflook met de boter, haal de aardappels uit de oven
en voeg de knoflookboter toe. Meng goed door elkaar en bak nog
5 minuten in de oven, tot de aardappels krokant en goudbruin zijn.

VOOR DE CHERMOULA-YOGHURT

❖ ❖ ❖ ❖ ❖ ❖ ❖ ❖ ❖ ❖ ❖ ❖ ❖ ❖ ❖ ❖ ❖ ❖

150 g dikke Griekse yoghurt
75 g chermoula (zie pag. 105)
50 g tahin

Roer intussen de ingrediënten voor de chermoula-yoghurt door
elkaar en zet apart.

Schep de chermoula-yoghurt op een grote platte schaal en stapel de
krokante, boterige aardappels erop. Bestrooi met de peterselie,
lente-ui, sumak en nog wat zout en peper en serveer direct.

VOOR ERBIJ

❖ ❖ ❖ ❖ ❖ ❖ ❖ ❖ ❖ ❖ ❖ ❖ ❖ ❖ ❖ ❖ ❖ ❖

50 g gezouten boter
een klein bosje peterselie,
   blaadjes fijngehakt
4 lente-uitjes, in heel dunne
   ringetjes
1 tl sumak

FALAFEL

Mensen vragen altijd hoeveel falafel je moet maken, maar naar mijn mening bestaat er niet zoiets als te veel falafel! Als je te veel hebt, dan geef je wat aan je buren; als onze buren in Damascus konden ruiken wat we aan het koken waren, dan brachten we een bordje langs.

Falafel wordt niet van gekookte kikkererwten gemaakt, maar van gedroogde kikkererwten die in water zijn geweekt. Je kunt hiervoor dus absoluut geen kikkererwten uit blik of uit een pot gebruiken. Ik gebruik een traditionele gehaktmolen om falafel te maken, wat een goede investering is als je ze vaak gaat maken. Je kunt ook een keukenmachine gebruiken, al wordt het falafelmengsel dan wel wat natter. Het mooie van Damascaanse falafel is dat er geen verse kruiden in zitten, waardoor ze niet zompig worden tijdens het bakken.

Je kunt falafel op een bord serveren als onderdeel van een mezze. Of serveer ze in een wrap of pitabroodje, zoals afgebeeld op pagina 122.

Serveer met sumak en tahin; dat is een must.

VERVOLG OP PAGINA 118

VOOR DE BEREIDING

❖ ❖ ❖ ❖ ❖ ❖ ❖ ❖ ❖ ❖ ❖ ❖ ❖ ❖ ❖ ❖ ❖

500 g gedroogde kikkererwten,
  minimaal 14 uur geweekt
  (zie pag. 68)
4 teentjes knoflook
½ ui, grofgehakt of in kwarten
1 tl knoflookpoeder
2 el korianderpoeder
1 el komijnpoeder
½ tl zuiveringszout
1 el zout
50 g sesamzaad
100-150 ml water op
  kamertemperatuur
koolzaadolie, om in te frituren

Maal de geweekte, uitgelekte kikkererwten met de knoflook
en ui in een gehaktmolen en laat in een kom vallen. Roer het
knoflookpoeder, korianderpoeder, komijnpoeder, zuiveringszout
en zout erdoor. Als je geen gehaktmolen hebt, kun je ook een
keukenmachine gebruiken; hak pulserend tot het falafelmengsel
een vrij fijne, zandachtige consistentie heeft. Je kunt het meteen
gebruiken of maximaal 2 dagen in de koelkast bewaren.

Roer het sesamzaad en voldoende water door het falafelmengsel om
er een licht samenhangend balletje van te maken. Het mag niet te
nat zijn, maar nat genoeg om er een los koekje van te maken.

Schenk een laag koolzaadolie van 10 cm in een hoge pan met dikke
bodem en verhit tot 180 °C. De olie is heet genoeg als een stukje
falafel in de olie boven komt drijven en er belletjes ontstaan.

Ik gebruik een speciale falafeltang die je vrij goedkoop online kunt
vinden. Mijn falafel hebben een gat in het midden, wat resulteert
in een krokantere textuur. Je kunt ook 2 dessertlepels gebruiken
om de falafel te vormen, of er balletjes van draaien en met de hand
platdrukken. De falafel moeten ongeveer 4 cm breed zijn.

Laat de falafel voorzichtig in de hete olie zakken; doe dit in porties
zodat de pan niet te vol wordt (anders daalt de temperatuur van de
olie te veel en worden de falafel niet krokant).

Frituur de falafel 2 minuten, tot ze goudbruin en krokant zijn. Roer
een beetje door de olie, zodat de falafel aan alle kanten bruin kunnen
worden. Binnen 4 minuten zouden ze volledig gaar, goudbruin en
krokant moeten zijn. Schep met een schuimspaan uit de pan en laat
op keukenpapier uitlekken.

WRAP MET FALAFEL

Zet alle ingrediënten voor de wrap in aparte schaaltjes op tafel, zodat iedereen zijn eigen wrap kan samenstellen.

VOOR DE BEREIDING

✤ ✤ ✤ ✤ ✤ ✤ ✤ ✤ ✤ ✤ ✤ ✤ ✤ ✤ ✤ ✤ ✤ ✤

platbrood (zie pag. 82)
  of pitabrood
hummus (zie pag. 68)
5 of 6 falafel per persoon
plakjes ingelegde komkommer
  (optioneel, zie pag. 56),
  naar wens
halve plakjes tomaat, naar wens
schijfjes citroen, naar wens
fijngehakte peterselieblaadjes,
  naar wens
ingelegde chilipepers of
  pul biber (o.a. Midden-
  Oosterse supermarkt),
  naar wens
tahinsaus (zie pag. 54),
  naar wens
sumak, naar wens

Bestrijk elk brood met een flinke lepel hummus. Leg de falafel op de hummus en plet een beetje. Verdeel plakjes ingelegde komkommer, plakjes tomaat, schijfjes citroen, gehakte peterselie, ingelegde chilipepers of chilivlokken, wat tahinsaus en een snufje sumak erover.

MIJN REIS NAAR HET VERENIGD KONINKRIJK, DEEL 1

ZODRA IK IN LONDEN ARRIVEERDE, voelde ik me vrij. In elke andere stad waar ik was geweest, in de tien landen die ik had doorkruist, ging ik ervan uit dat mensen naar me keken en dachten: 'O, weer zo'n Syrische vluchteling.' In Londen was ik onzichtbaar. Ik zag eruit als ieder ander. Er wonen veel mensen met verschillende roots die allemaal hun eigen leven leiden. Niemand merkte me überhaupt op. Ik stond versteld. Ik werd meteen verliefd op deze stad.

Mijn reis van Syrië naar het Verenigd Koninkrijk is er een die duizenden Syriërs hebben gemaakt. Het is geen keuze; we hebben er niet voor gekozen om vluchteling te zijn. Het is niet alsof we op een dag besloten om een comfortabel leven achter ons te laten om in Europa te gaan wonen. En de reis is net zo moeilijk, slopend, mensonterend en angstaanjagend als je uit de verhalen kent.

Mijn verhaal, en dat van veel andere mensen, begint met het feit dat ik mijn familie in Damascus achterliet. Ik wist dat ze daar niet veilig waren; voorheen had ik me niet kunnen voorstellen dat ik ze op deze manier zou achterlaten, maar er was geen andere optie. Ik vrees voor de toekomst van Syrië en ik moet er niet aan denken hoe ons leven eruit zou hebben gezien als we daar waren gebleven. Mezelf in veiligheid brengen en daarna mijn gezin laten overkomen, was de enige uitweg.

Vanuit Damascus reisde ik met de auto naar Libanon en daarna door Turkije. In Turkije werd ik in contact gebracht met een smokkelaar die me tegen een vergoeding op een boot naar Griekenland kon krijgen. Het was een kleine, rubberen roeiboot die geschikt was voor negen personen. We waren met z'n zesenvijftigen, onder wie een zwangere vrouw en twaalf kinderen. Ik heb geen idee hoe het kan dat we niet zijn gezonken, dat we het allemaal hebben overleefd. De gedachten aan de risico's die we allemaal namen, achtervolgen me nog. Maar de aankomst in Griekenland – in Europa! – voelde fantastisch. Het was 2 augustus 2015. Ik vergeet het nooit meer. Op dat moment, toen we al zo ver waren gekomen, al zoveel hadden moeten achterlaten maar ook nog zo in onzekerheid verkeerden, waren we geknakt. De persoon die we in Syrië waren, was verdwenen. We waren gereduceerd tot niets, we hadden het gevoel dat we niets waren. Maar in Griekenland voelden we ons weer even mens. Vrijwilligers verwelkomden ons, lieten ons zien waar we naartoe moesten en gaven ons een veilig gevoel. De Griekse kustwacht stuurde reddingsboten de zee op, maar in plaats van de vluchtelingen te helpen die de verschrikkelijke reis over zee hadden afgelegd, maakten ze hun boten kapot om te voorkomen dat ze aan land kwamen. Sinds de oorlog heb ik veel geleerd over mezelf, over de mensheid, over de wereld, maar mijn grootste inzicht is dat er twee soorten mensen bestaan. Ja, er zijn mensen die moedwillig de boten van wanhopige mensen die op de vlucht zijn saboteren. Maar er zijn ook mensen die je ontvangen met open armen, met liefde, met handgeschreven borden waarop staat: 'Je bent veilig'. Ik had Syrië verlaten met mijn vertrouwen in duigen, maar mijn reis, zij het af en toe gevaarlijk, heeft me geholpen om weer in de goedheid van mensen te geloven.

Vanuit Griekenland liep ik honderden kilometers naar Macedonië en stapte daar op de trein naar Servië. Ik fietste heel Servië door en een andere smokkelaar hielp me om Hongarije binnen te komen. De bootovertocht naar Griekenland was traumatiserend, maar het moeilijkste onderdeel van de reis was voor mij in Hongarije. Zes mannen, onder wie ikzelf, hadden zich verstopt in de achterbak van een oude Peugeot waar de achterbank uit was gehaald. Kun je je voorstellen hoe het was om ons er allemaal in te proppen? En toen sprong er vanuit het niets een zevende man bij. We hadden geen andere keuze dan hem mee te nemen, want anders had hij geschreeuwd en ons verraden als we nee hadden gezegd. We zaten vier uur lang als haringen in een ton terwijl onze chauffeur, die dronken was, ons naar Wenen bracht. Daar aangekomen schreeuwde hij dat we uit moesten stappen, maar onze armen en benen waren totaal gevoelloos geworden en we konden ons geen van allen bewegen.

Vanuit Wenen bracht een andere trein me naar de Duitse stad Stuttgart. Voor veel vluchtelingen stopt de reis hier. Duitsland heeft heel veel mensen opgevangen en geholpen om een nieuw leven op te bouwen. Ook ik had daar kunnen blijven, maar ik had familie in Engeland en sprak al Engels. Ik was te oud om een nieuwe taal te leren en ik moest de taal goed beheersen om te kunnen werken. Dus ik reisde verder, van Duitsland naar Parijs. Ik bracht een paar nachten in Parijs door om uit te rusten en na te denken over mijn vervolgstappen. Er werd regelmatig gesproken over Calais. Ik had al eerder terloops over Calais gehoord, in mijn vorige leven als textielwerker in Syrië en Dubai. *Dentelle de Calais* ('gemaakt in Calais') is een prachtige, zijdeachtige stof die voor bruidsjurken wordt gebruikt. Het voelde als een teken; ik zou naar Calais gaan.

Toen ik in Calais aankwam, was het anders dan ik me had voorgesteld. Het was angstaanjagend. De Jungle, het kamp waar vluchtelingen als ik verbleven, was te gevaarlijk en te druk. Er hing een vreemde energie omheen, alsof er elk moment iets naars kon gebeuren. In plaats daarvan sliep ik met verschillende andere Syrische vluchtelingen 64 dagen lang op de trappen van een kerk. Ik had Syrië negen dagen eerder verlaten en ik zou hier twee maanden blijven en vele pogingen wagen om het Verenigd Koninkrijk binnen te komen. De kerk was leeg en werd alleen voor begrafenissen gebruikt, waarop we onze spullen weghaalden en de ingang schoonmaakten. Je zou denken dat dit mijn dieptepunt was en toch was dit het moment dat ik weer hoop kreeg. Ik pakte het koken op, met één mes (en niet meer, voor het geval dat mensen dachten dat ik een bedreiging was) en een kookstel dat aan ons werd gedoneerd. We kregen overgebleven producten van de supermarkt *Carrefour* en daarmee bereidde ik de gerechten van thuis, uiteraard aangepast aan wat we hadden. Mensen konden genieten van het eten dat ik had klaargemaakt. Ik denk dat iedereen daardoor weer vertrouwen erin kreeg dat het beter kon en zou worden.

Tijdens een terugreis naar Parijs kwam ik het dichtst bij een geslaagde overtocht naar het Verenigd Koninkrijk. Ik werd in contact gebracht met een smokkelaar aldaar, die me voorstelde aan Hassan Akkad, een mede-Syriër. Ik kende hem niet, maar we waren buren in Damascus en we kenden elkaars vrienden. Hij had gedeeltes van zijn reis met zijn telefoon gefilmd en zijn verhaal werd later gebruikt in de met een BAFTA bekroonde documentaireserie *Exodus: Our Journey to Europe*. Hij is nu een heel goede vriend van me, maar toentertijd dacht ik dat hij gewoon een van de smokkelaars was en we vertrouwden elkaar niet echt. Hassan zorgde dat ik een vals paspoort kreeg. Toen hij in het hotel in Parijs waar ik verbleef arriveerde, droeg ik hetzelfde shirt als op de foto. Hij zei dat ik me moest omkleden, omdat het anders te veel zou opvallen. Het plan was dat we samen van de luchthaven Charles de Gaulle naar Heathrow in Londen zouden vliegen. Ik zou eerst gaan en als ik goed was aangekomen, zou hij de volgende vlucht nemen. Als ik het niet zou halen, zou ik teruggaan naar Parijs en zou ik mijn geld terugkrijgen. Het was allemaal geweldig georganiseerd; het smokkelaarsnetwerk is stukken efficiënter dan de Britse immigratiedienst!

Uren later stond ik bij de gate op de luchthaven te wachten om aan boord te gaan van een *easyJet*-vlucht naar het Verenigd Koninkrijk, met mijn valse Griekse paspoort in de hand en Buros als mijn nieuwe naam. Alles zou goedkomen. Het was zover. Dit was het moment waar ik maanden van had gedroomd. En toen hoorde ik via de luidsprekers een stem die Buros omriep. Ik verstarde. Ik moest me melden bij het ticketkantoor, omdat er een probleem was met mijn ticket.

Toen ik het ticketkantoor binnenliep, had ik geen idee wat me te wachten stond, maar het zou vast niets positiefs zijn. De vrouw aan de balie vroeg waar mijn paspoort vandaan kwam en ik zei dat het van mij was. Ze overhandigde me een vel papier waarop iets Grieks stond geschreven. Ik keek ernaar en de moed zonk me in de schoenen. Ze zei: 'Als u dit kunt lezen, dan laat ik u gaan.' Dat was het dan. Ik zei dat ik het niet kon lezen, maar dat ik mijn best deed om mezelf en mijn gezin in veiligheid te brengen. Ze keek me recht aan en zei dat de politie binnen vijf minuten zou arriveren. Ik ging verslagen zitten. Maar toen zei ze: 'Nee, u begrijpt het niet. U hebt vijf minuten voordat de politie er is. Wegwezen!' Ik geloofde mijn oren niet. Ik had vijf minuten om te ontsnappen. Ze zei dat ik de trein moest nemen, niet moest wachten op de bus en moest terugkeren naar Parijs. Ik liep naar buiten, de frisse lucht in. Het drong nog niet helemaal tot me door wat er zojuist was gebeurd. Ik had geen geld voor de trein, dus ik stond bij de bushalte te wachten. Toen zag ik de vrouw weer. Ze was me naar buiten gevolgd en vroeg waarom ik daar nog steeds stond. Toen ik het uitlegde, gaf ze me haar metrokaartje en haar telefoonnummer. Voor ze wegliep, pakte ze mijn arm en zei dat mijn paspoort echt heel goed gelukt was, maar dat degene die mijn vlucht had geregeld met dezelfde creditcard voor vijftig andere mensen een ticket had geboekt. Daarom waren alle alarmbellen afgegaan. Ze nam afscheid en, zoals zo vaak op deze krankzinnige reis, had ik het gevoel dat een engel me had gered.

Hassan zat in de gevangenis. Hij had het Verenigd Koninkrijk nooit bereikt. Hij was zelfs niet in het vliegtuig gestapt. De politie liet hem een nacht in de cel zitten, bracht hem de volgende dag naar de snelweg en liet hem daar langs de kant van de weg in de stromende regen achter. We hadden elkaars telefoonnummer niet, maar hij kwam naar het hotel waar hij mijn paspoort had afgegeven, in de hoop dat ik daar zou zijn. De telefoon op mijn hotelkamer ging over en de receptie zei dat er bezoek voor me was. Ik wist niet wat ik moest verwachten, want ik kende niemand. Toen Hassan me zag, begon hij te huilen. Hij had het koud, was natgeregend en voelde zich ellendig en totaal verloren. Ze hadden tegen hem gezegd dat ik in het Verenigd Koninkrijk was, dus ons weerzien was voor ons allebei een ongelooflijk emotioneel moment. We waren herenigd, bang, nog steeds in Parijs, maar in leven en vrij. We moesten een nieuw plan maken. In de ochtend gingen we op weg, terug naar Calais.

DUKKAHSALADE

Tomaten, geroosterde venkel en dukkah

Maak deze salade in de zomer, wanneer de tomaten op hun best zijn. Hoe beter de tomaat, hoe beter zijn smaak, dus betaal gerust iets meer en koop goede tomaten.

VOOR DE BEREIDING

✥ ✥ ✥ ✥ ✥ ✥ ✥ ✥ ✥ ✥ ✥ ✥ ✥ ✥ ✥ ✥ ✥

1 venkel
2 el olijfolie
1 tl za'atar
zout
300 g gekleurde tomaten,
   in stukjes
2 el extra vergine olijfolie
geraspte schil en sap van
   ½ onbespoten citroen
2 el dukkah (zie pag. 29)
150 g zachte geitenkaas
een kleine handvol verse dragon

Verwarm de oven voor tot 200 °C.

Snijd de venkel in 6 of 8 parten, afhankelijk van de grootte. Meng met de olijfolie, za'atar en zout naar smaak en rooster 25 tot 30 minuten op een bakplaat in de oven, tot de venkel zacht, licht krokant en goudbruin is. Laat iets afkoelen.

Meng de tomaten met wat zout en de extra vergine olijfolie, geraspte citroenschil, het citroensap en de dukkah. Verkruimel de geitenkaas en verdeel over een groot bord, gevolgd door de geroosterde venkel en dan de tomaten. Garneer met de dragon.

HARAA ASBAEU

Als ik de juiste pasta hiervoor niet kan vinden, dan koop ik verse of gedroogde pappardelle of fettuccine en snijd of verkruimel deze in kleine stukjes.

VOOR HET TAMARINDEWATER

✤ ✤ ✤ ✤ ✤ ✤ ✤ ✤ ✤ ✤ ✤ ✤ ✤ ✤ ✤ ✤

35 g tamarinde (blok, o.a. toko)
200 ml water

Breek de tamarinde boven een pan en voeg het water toe. Breng op matig vuur aan de kook en laat minimaal 30 minuten koken om alle smaak eruit te krijgen en het water te laten inkoken. Schenk door een zeef in een kom; druk met een lepel het vocht eruit en schraap de pulp aan de onderkant van de zeef in de kom. Je houdt iets minder dan 100 milliliter saus met een heel intense smaak over. Het is niet erg als je iets minder hebt; het gaat allemaal om de smaak.

VOOR DE BEREIDING

✤ ✤ ✤ ✤ ✤ ✤ ✤ ✤ ✤ ✤ ✤ ✤ ✤ ✤ ✤ ✤

2 platbroden (zie pag. 82)
  of bloemtortilla's
1 el olijfolie
1 tl sumak
zout
250 g gedroogde bruine linzen
1,5 l versgekookt water
200 g kleine vierkante pasta
  (of een andere kleine pasta,
  of zie inleiding)
5 el korianderolie (zie pag. 37)
2 el granaatappelmelasse
1 tl komijnpoeder
1 portie gebakken uitjes
  (zie pag. 54)
een handvol granaatappelpitjes

Verwarm de oven voor tot 200 °C.

Snijd de platbroden in reepjes van 1 cm breed en meng met de olijfolie, sumak en een snufje zout. Verdeel over een bakplaat en rooster in 3 tot 5 minuten in de oven krokant.

Was de linzen en voeg toe aan een pan met het versgekookte water. Voeg een snufje zout toe en kook de linzen in 20 minuten beetgaar. Roer de pasta erdoor en kook 5 tot 8 minuten, afhankelijk van het soort pasta en het formaat, tot de pasta gaar is. Er moet nog een heel klein beetje water in de pan zitten; voeg nog wat kokend water toe als dat niet zo is, want het pasta-linzenmengsel moet zijdezacht en nattig zijn. Haal van het vuur.

Voeg de korianderolie toe aan de nog warme linzen en pasta; zorg ervoor dat je ook flink wat van de gehakte korianderblaadjes meeneemt. Roer het tamarindewater, eventueel zout naar smaak, de granaatappelmelasse en het komijnpoeder erdoor. Schep het pasta-linzenmengsel op een grote, platte schaal en laat volledig afkoelen.

Van oudsher leggen we de toppings in rijtjes erop, te beginnen met de korianderblaadjes uit de olie, dan de gebakken uitjes, de krokante broodreepjes, gevolgd door de granaatappelpitjes. Herhaal deze rijtjes tot alle ingrediënten zijn gebruikt en serveer.

SAJ

VOOR DE BEREIDING

❖ ❖ ❖ ❖ ❖ ❖ ❖ ❖ ❖ ❖ ❖ ❖ ❖ ❖ ❖ ❖ ❖

1 portie platbrooddeeg
   (zie pag. 82)

Maak het deeg zoals aangegeven op pagina 82 en laat rijzen.

Klop voor de topping het ei los in een kom en roer de halloumi, peterselie en chilivlokken erdoor. Kies je voor de za'atartopping? Meng dan de olijfolie met de za'atar in een kleine kom. Druk de lucht uit het deeg, verdeel in 12 gelijke porties en maak van elke portie een bal. Dek af met een schone theedoek en laat 15 tot 20 minuten rijzen. Rol elke bal deeg met een deegroller uit tot een cirkel met een diameter van 15 cm; rol daarbij alleen van je af en draai het deeg telkens, want alleen zo krijg je een gelijkmatig platbrood. Daarna leg ik het platbrood op een *mukhada* – een soort zacht kussen om het deeg op te rekken – maar dit kun je overslaan als je die niet hebt.

VOOR DE TOPPING

❖ ❖ ❖ ❖ ❖ ❖ ❖ ❖ ❖ ❖ ❖ ❖ ❖ ❖ ❖ ❖

1 ei
100 g halloumi, geraspt
een kleine handvol peterselie,
   blaadjes fijngehakt
een snufje chilivlokken
of
3 el extra vergine olijfolie
2 el za'atar

Verwarm een pan met antiaanbaklaag op middelhoog vuur en leg een platbrood in de pan. Bak in 30 tot 40 seconden aan de onderkant lichtbruin, keer om en schep de topping naar keuze erop (het ei-kaasmengsel of de za'atarolie). Zet het vuur lager en bak nog 1 tot 2 minuten, tot de kaas is gesmolten (als je die topping gebruikt) en het platbrood aan de onderkant krokant is.

Serveer heet.

BATATA HARRA

VOOR DE BEREIDING

✦ ✦ ✦ ✦ ✦ ✦ ✦ ✦ ✦ ✦ ✦ ✦ ✦ ✦ ✦ ✦ ✦ ✦

4-5 middelgrote iets kruimige
  aardappels, geschild en in
  blokjes van 3 cm
4 el olijfolie
zout en versgemalen zwarte
  peper
5 gekonfijte teentjes knoflook
  (zie pag. 53) of 2 gepelde rauwe
  teentjes knoflook
½ tl chilivlokken
½ tl komijnpoeder
½ tl gerooktepaprikapoeder
een grote handvol
  korianderblaadjes, fijngehakt
2 el extra vergine olijfolie

Verwarm de oven voor tot 220 °C.

Verdeel de aardappelblokjes over een grote braadslede en meng er de
olijfolie en een flinke snuf zout en peper door.

Rooster 30 minuten in de oven, tot de aardappelblokjes knapperig
en goudbruin zijn.

Stamp de teentjes knoflook in een kleine kom fijn en roer dan
de chilivlokken, het komijnpoeder, gerooktepaprikapoeder, de
koriander en extra vergine olijfolie erdoor. Haal de aardappelblokjes
uit de oven, schep het knoflookmengsel erdoor en serveer direct.

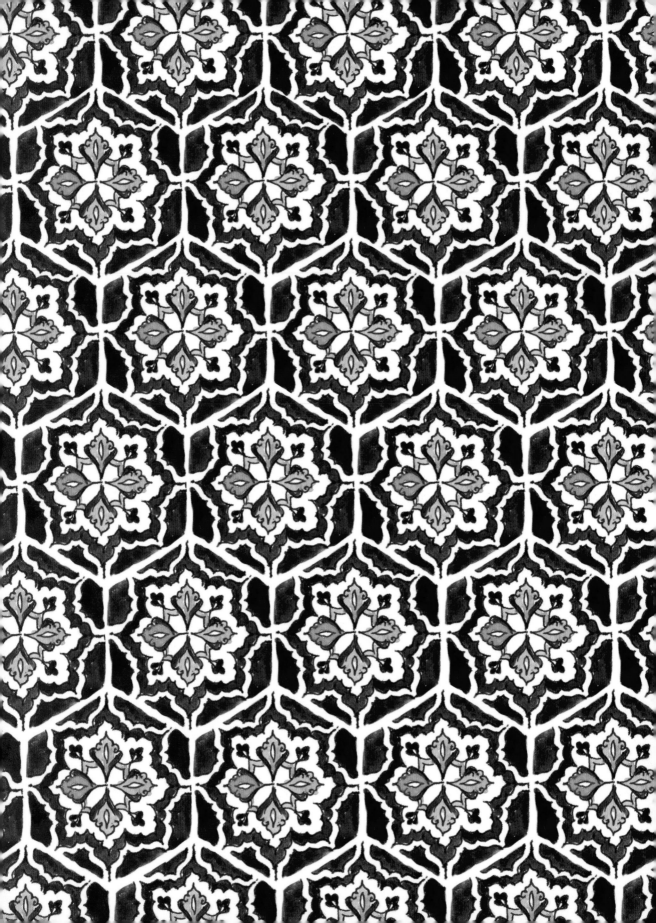

4

HOOFD-GERECHTEN

4
HOOFDGERECHTEN

SHURABAT ENDS

Linzensoep

VOOR DE BEREIDING

✦ ✦ ✦ ✦ ✦ ✦ ✦ ✦ ✦ ✦ ✦ ✦ ✦ ✦ ✦ ✦ ✦ ✦

200 g gedroogde rode linzen
50 g kortkorrelige rijst
50 g freekeh (o.a. Midden-
   Oosterse supermarkt)
2 el olijfolie
1 el komijnzaad
2 uien, fijngesnipperd
2 kleine wortels, geschild en
   in blokjes
2 teentjes knoflook, fijngehakt
1 tl komijnpoeder
2 el saffloer (o.a. Midden-
   Oosterse supermarkt) of
   saffraan
1 tl versgemalen zwarte peper
½ tl korianderpoeder
2 el tomatenpuree
2 tl zout
1,7 l groente- of kippenbouillon
   of water

Was de linzen, rijst en *freekeh* samen in een grote zeef, tot het water helder is.

Verhit de olijfolie in een hoge, grote pan op matig vuur. Voeg het komijnzaad toe en rooster een minuut. Voeg de ui en wortel toe en bak 5 tot 8 minuten, tot ze zacht en licht gekaramelliseerd zijn. Voeg de knoflook toe en bak in 1 tot 2 minuten zacht.

Voeg de linzen, rijst en freekeh toe en rooster al roerend 2 minuten. Roer dan het komijnpoeder, 1 eetlepel van de saffloer, de zwarte peper, het korianderpoeder, de tomatenpuree en 2 theelepels zout er goed door. Voeg de bouillon of het water toe, het vocht moet minimaal 6 cm boven het linzenmengsel staan.

Breng aan de kook, zet het vuur laag en laat 1 uur zachtjes koken, tot alles zacht is.

Pureer in een blender tot een dikke soep, voeg indien nodig meer water toe en voeg de rest van de saffloer toe. Breng indien nodig verder op smaak met zout en peper.

VOOR ERBIJ

✦ ✦ ✦ ✦ ✦ ✦ ✦ ✦ ✦ ✦ ✦ ✦ ✦ ✦ ✦ ✦ ✦ ✦

single cream of slagroom (of in
   stukjes gescheurde mozzarella)
een kleine handvol bieslook,
   fijngesneden
4 pitabroodjes, geroosterd

Schep de soep in kommen, garneer met slagroom of mozzarella en bieslook en serveer met geroosterd pitabrood.

KATIF GHANAM

Lamsschouder

VOOR DE MARINADE

✧ ✧ ✧ ✧ ✧ ✧ ✧ ✧ ✧ ✧ ✧ ✧ ✧ ✧ ✧ ✧ ✧

5 teentjes knoflook, geraspt
2 el gerooktepaprikapoeder
1 el madras kerriepoeder
½ el versgemalen zwarte peper
3 cm verse gemberwortel,
   geraspt
1 el baharat (zie pag. 32)
sap van 1 citroen
1 el tomatenpuree
2 el rodepaprikapuree
   (o.a. Midden-Oosterse
   supermarkt)
een flinke snuf zout
150 ml olijfolie

Meng alle ingrediënten voor de marinade in een grote kom.

Wrijf de lamsschouder aan alle kanten goed in met de marinade. Laat afgedekt minimaal 4 uur, maar liever een hele nacht, in de koelkast marineren.

VOOR DE BEREIDING

✧ ✧ ✧ ✧ ✧ ✧ ✧ ✧ ✧ ✧ ✧ ✧ ✧ ✧ ✧ ✧ ✧

1,5-2 kg lamsschouder, met bot
10 teentjes knoflook, gepeld
4 takjes tijm
4 takjes rozemarijn

Verwarm de oven voor tot 160 °C.

Haal de lamsschouder uit de koelkast. Bekleed een diepe bakplaat met een stuk aluminiumfolie en een stuk bakpapier; zorg dat deze groot genoeg zijn om het vlees te kunnen bedekken. Leg de knoflook, tijm en rozemarijn in het midden, gevolgd door de lamsschouder en alle marinade (je kunt eventueel nu ook ui, wortels of aardappels toevoegen). Vouw de aluminiumfolie en het bakpapier over de lamsschouder als een pakketje, keer om en wikkel opnieuw in een stuk aluminiumfolie, zodat het vlees goed en strak is ingepakt. De lamsschouder moet in zijn eigen sappen garen, dus het is heel belangrijk dat het pakketje goed dichtzit.

Gaar 4 uur in de oven, tot het vlees van het bot valt. Haal uit de oven, maak het pakketje open, verhoog de oventemperatuur naar 200 °C en rooster tot het vlees aan de bovenkant bruin is.

VOOR ERBIJ

✧ ✧ ✧ ✧ ✧ ✧ ✧ ✧ ✧ ✧ ✧ ✧ ✧ ✧ ✧ ✧ ✧

kabsa (zie pag. 166)
bulgur (zie pag. 49)

Dit is het lekkerst met *kabsa* of bulgur en het vocht dat tijdens het garen is vrijgekomen.

KEBAB HINDI

LamskÃ¶fte in een rijke tomatensaus

Hindi betekent 'uit India', maar dit gerecht komt helemaal niet uit India, maar uit Damascus. Grappig genoeg hebben ze in India een gerecht dat *shami kebab* heet (wat 'kebab uit Damascus' betekent, want in de volksmond heet de stad Sjam), maar niets met Damascus te maken heeft. In dit geval is de naam afkomstig van een Indiase familie die zich lang geleden in SyriÃ« heeft gevestigd. Dit is het klassieke, originele recept; ik heb het dus niet zelf bedacht.

Wij gooien geen eten weg. We eten de restjes gewoon de dag erna, dus het is nooit erg als we te veel maken. Ik geef de voorkeur aan pittige chilipasta, maar pas het gerust aan; mijn vrouw houdt helemaal niet van pittig. Als je de chilipasta niet in huis hebt of niet wilt gebruiken, dan is alleen tomatenpuree ook goed; voeg dan een halve eetlepel extra toe. Serveer met een bord vol groen (zie pagina 45).

Afgebeeld op pagina 146-147.

VOOR DE TOMATENSAUS

✤ ✤ ✤ ✤ ✤ ✤ ✤ ✤ ✤ ✤ ✤ ✤ ✤ ✤ ✤

2 el olijfolie, plus extra om te
   besprenkelen
1 tl komijnzaad
2 middelgrote uien, gesnipperd
2 blikken tomatenblokjes
   à 400 g
1 el tomatenpuree
1 el chilipasta (zie inleiding)

Verhit de olijfolie in een sauspan op matig vuur en voeg het
komijnzaad toe. Bak al roerend 30 tot 60 seconden, tot de zaadjes
beginnen te springen en roosteren. Voeg de ui toe en bak 5 tot
7 minuten, tot de ui zacht is en begint te karamelliseren. Voeg dan
de tomatenblokjes toe. Voeg zodra de saus begint te pruttelen de
tomatenpuree en de chilipasta toe. Laat 25 tot 40 minuten met een
deksel op de pan op matig vuur pruttelen en roer regelmatig door.
De saus is klaar als hij naar gare tomaten smaakt. Haal de pan van
het vuur en laat afkoelen tot kamertemperatuur of iets daarboven.
Schenk de saus in een braadslede of ovenschaal van 30 cm zodat het
afkoelen sneller gaat; de braadslede gebruik je straks voor de köfte.

Verwarm de oven voor tot 200 °C.

VOOR DE KÖFTE

✤ ✤ ✤ ✤ ✤ ✤ ✤ ✤ ✤ ✤ ✤ ✤ ✤ ✤ ✤

1 middelgrote ui, grofgesnipperd
2 teentjes knoflook, gepeld
1 tl baharat (zie pag. 32)
½ tl zeezoutvlokken
½ tl grofgemalen zwarte peper
500 g lamsgehakt

Pureer de ui met de knoflook, *baharat*, zeezoutvlokken en zwarte
peper in een keukenmachine tot een pasta. Voeg het lamsgehakt toe
en hak op de pulseerstand. Maak 20 balletjes van het gehaktmengsel.
Knijp elk balletje in je vuist tot een langwerpig balletje en leg ze
op de tomatensaus in de braadslede. Het is niet erg als de saus nog
een beetje waterig is. Leg de köfte strak tegen elkaar, want ze zullen
krimpen in de oven.

Sprenkel er wat olijfolie over en rooster ze 30 minuten in de oven,
tot de saus is ingekookt en de köfte gaar zijn.

VOOR ERBIJ

✤ ✤ ✤ ✤ ✤ ✤ ✤ ✤ ✤ ✤ ✤ ✤ ✤ ✤ ✤

fijngehakte peterselie (zoveel
   als je wilt, maar minimaal
   ½ handvol)
½ handvol geroosterde
   pijnboompitten

Garneer met de fijngehakte peterselie en de geroosterde
pijnboompitten en serveer.

ZAHRAA HARRA

Bloemkool, rode ui, rode puntpaprika

VOOR DE MARINADE

✤ ✤ ✤ ✤ ✤ ✤ ✤ ✤ ✤ ✤ ✤ ✤ ✤ ✤ ✤ ✤

5 teentjes knoflook, fijngehakt
2 el tomatenpuree
1 el harissa
100 ml olijfolie
zout en versgemalen zwarte
   peper

Meng de ingrediënten voor de marinade met een snufje zout en zwarte peper in een kleine kom.

Verwijder de taaiste bladeren van de bloemkool en laat de dunnere bladeren zitten. Snijd de bloemkool in 8 parten en bedek met driekwart van de marinade. Laat de bloemkool maximaal 12 uur marineren, of rooster meteen in de oven.

VOOR DE BEREIDING

✤ ✤ ✤ ✤ ✤ ✤ ✤ ✤ ✤ ✤ ✤ ✤ ✤ ✤ ✤ ✤

1 grote bloemkool
1 rode ui
2 rode puntpaprika's
1 tl gedroogde of verse tijm
1 tl sumak

Verwarm de oven voor tot 200 °C en bekleed een grote bakplaat met bakpapier. Leg de bloemkoolparten op de bakplaat en rooster 15 minuten in de oven.

Snijd intussen de ui en puntpaprika's in even grote stukjes (ongeveer 3 cm), voeg toe aan een kom en schep om met de rest van de marinade, de tijm en sumak. Haal de bloemkool uit de oven en keer alle parten om. Verdeel de ui en puntpaprika over de bakplaat en rooster met de bloemkool nog 25 minuten in de oven, tot de bloemkool krokant en goudbruin is en de ui en puntpaprika zacht zijn.

VOOR ERBIJ

✤ ✤ ✤ ✤ ✤ ✤ ✤ ✤ ✤ ✤ ✤ ✤ ✤ ✤ ✤ ✤

tahinsaus (zie pag. 54)
korianderolie (zie pag. 37)
pul biber (o.a. Midden-Oosterse
   supermarkt) of gewone
   chilivlokken

Bestrooi met zout en peper, garneer met tahinsaus, korianderolie en pul biber en serveer.

FASULIA BIL ZAYT

Haricots verts met tomatensaus

Dit is een geweldig bijgerecht of een veganistisch hoofdgerecht. Je kunt het van tevoren maken, want het wordt op kamertemperatuur geserveerd.

VOOR DE BEREIDING

✧ ✧ ✧ ✧ ✧ ✧ ✧ ✧ ✧ ✧ ✧ ✧ ✧ ✧ ✧ ✧ ✧ ✧

450 g haricots verts, schoongemaakt
2 el olijfolie
1 tl komijnzaad
5 teentjes knoflook, in heel dunne plakjes
1-2 rode chilipepers, fijngesneden (optioneel)
1 el tomatenpuree
1 el rodepaprikapuree (o.a. Midden-Oosterse supermarkt)
1 blik tomatenblokjes à 400 g
1 tl komijnpoeder
1 tl versgemalen zwarte peper
een flinke snuf zout

Kook de haricots verts in een grote pan gezouten water in 3 tot 4 minuten beetgaar. Giet af en zet apart.

Voeg de olijfolie en het komijnzaad toe aan dezelfde pan op matig vuur en rooster 1 minuut. Voeg dan de knoflook en chilipeper toe en bak 1 minuut. Voeg de tomatenpuree en rodepaprikapuree toe, bak een paar minuten en voeg dan de tomatenblokjes toe. Roer het komijnpoeder, de peper en het zout erdoor en laat 10 tot 15 minuten zachtjes pruttelen, tot er een dikke, rijke saus is ontstaan.

Voeg in de laatste paar minuten de haricots verts toe, zet het vuur uit en laat afkoelen tot kamertemperatuur.

VOOR ERBIJ

✧ ✧ ✧ ✧ ✧ ✧ ✧ ✧ ✧ ✧ ✧ ✧ ✧ ✧ ✧ ✧ ✧

tahinsaus (zie pag. 54)
een bord vol groen (zie pag. 45)
Griekse yoghurt (optioneel)

Serveer met tahinsaus, een bord vol groen en eventueel een lepel yoghurt.

MAHASHI

Gevulde wijnbladeren

Als je geen extra vet lamsgehakt kunt vinden, voeg dan 1 eetlepel ghee toe.

VOOR DE VULLING

❖ ❖ ❖ ❖ ❖ ❖ ❖ ❖ ❖ ❖ ❖ ❖ ❖ ❖ ❖ ❖ ❖

200 g kortkorrelige rijst
2 el saffloer (o.a. Midden-
 Oosterse supermarkt) of
 saffraan
2 tl komijnpoeder
1 tl versgemalen zwarte peper
1 tl baharat (zie pag. 32)
400 g extra vet lamsgehakt
 (30% vet)
flinke snuf zout
50 wijnbladeren (zie inleiding
 op pag. 76)

Was de rijst tot het water helder is, voeg met de saffloer toe aan een kom en meng goed met je handen (draag hiervoor handschoenen, zodat je handen niet geel worden). Voeg het komijnpoeder, de zwarte peper, *baharat*, het lamsgehakt en zout toe en meng opnieuw met je handen door elkaar.

Bereid de wijnbladeren voor en leg een wijnblad op het werkvlak voor je neer. Schep 1 eetlepel vulling in het midden van het wijnblad, vouw de zijkanten naar binnen en rol strak op. Leg het rolletje op een schaal en herhaal met de rest van de wijnbladeren en de vulling.

VOOR DE SAUS

❖ ❖ ❖ ❖ ❖ ❖ ❖ ❖ ❖ ❖ ❖ ❖ ❖ ❖ ❖ ❖ ❖

sap van 4 citroenen
500 ml water
1 bol knoflook, teentjes gepeld
 en fijngewreven tot een pasta
1 tl versgemalen zwarte peper
1 tl baharat (zie pag. 32)
2 t zout
1 el tomatenpuree

Voeg het citroensap en het water toe aan een kom en roer de knoflook, zwarte peper, baharat, het zout en de tomatenpuree erdoor.

VOOR DE BEREIDING

✧ ✧ ✧ ✧ ✧ ✧ ✧ ✧ ✧ ✧ ✧ ✧ ✧ ✧ ✧ ✧ ✧ ✧

2 kruimige aardappels, geschild
en in schijfjes van 1 cm
800 g lamsnek, in stukjes van
2 cm (vraag dit aan je slager)
2 bollen knoflook
1 pot artisjokharten, uitgelekt
(optioneel)
yoghurt

Verdeel de aardappelschijfjes over de bodem van een brede pan met dikke bodem of een braadpan van 30-35 cm. Leg de stukjes lamsnek in een enkele laag dicht tegen elkaar op de aardappelschijfjes. Stapel dan de gevulde wijnbladeren in concentrische ringen en strak langs de wand van de pan op elkaar; houd bij de laatste 2 lagen een gat in het midden vrij.

Leg de knoflookbollen in het gat in het midden, eventueel samen met de artisjokharten, en plaats iets zwaars erop. Ik heb een traditioneel gewicht dat speciaal hiervoor bedoeld is, maar je kunt ook een stapel van drie tot vijf borden erop zetten.

Schenk voldoende saus erover om alles net te bedekken; je hebt mogelijk niet alle saus nodig, dus houd de rest apart voor het geval je de saus moet aanvullen. Dek de pan strak af met aluminiumfolie of een deksel en verhit op hoog vuur, tot de saus kookt. Laat 10 minuten koken, zet het vuur laag en laat 1 uur zachtjes koken.

Haal het deksel of de folie van de pan, oefen wat druk uit op het gewicht of de borden en schenk zo veel mogelijk vocht in een kom. Verwijder het gewicht, haal de knoflook en artisjokharten uit de pan en leg een groot bord of een schaal op de pan. Keer de pan snel maar voorzichtig om, zodat hij ondersteboven op het bord staat.

Til de pan voorzichtig op, zodat de laagjes aardappel, vlees en wijnbladeren zichtbaar worden.

Leg de knoflook en artisjokken op de aardappels en serveer met de apart gehouden saus en wat yoghurt.

JAJ BAILFURN

Gegrilde kippendijen

Dit is een klassiek eenpansgerecht voor doordeweeks. Je kunt hiervoor alle groenten gebruiken die je in de koelkast hebt liggen, dus het is ideaal als restverwerking.

VOOR DE MARINADE

✧ ✧ ✧ ✧ ✧ ✧ ✧ ✧ ✧ ✧ ✧ ✧ ✧ ✧ ✧ ✧ ✧ ✧

1 tl tomatenpuree
2 el shish taouk (zie pag. 33)
1 tl madras kerriepoeder
5 teentjes knoflook, geperst
1 el versgemalen zwarte peper
2 el Griekse yoghurt
een flinke snuf zout
2 el wittewijnazijn
100 ml olijfolie

Meng alle ingrediënten voor de marinade in een kom en voeg de olijfolie als laatste toe. Houd 2 eetlepels marinade apart voor later.

VOOR DE BEREIDING

✧ ✧ ✧ ✧ ✧ ✧ ✧ ✧ ✧ ✧ ✧ ✧ ✧ ✧ ✧ ✧ ✧ ✧

8 kippendijen, met bot en huid
2 wortels, in blokjes van 5 cm
2 grote kruimige aardappels, in
   blokjes van 5 cm
1 ui, gepeld en in 6 partjes
150 g kleine
   kastanjechampignons

Voeg de kippendijen toe aan de marinade en meng goed, zodat de kip gelijkmatig is bedekt. Laat afgedekt minimaal 2 uur, maar liever een hele nacht, in de koelkast marineren.

Verwarm de oven voor tot 200 °C en haal de kip uit de koelkast.

Voeg de wortels, aardappels, ui en kastanjechampignons toe aan een grote ovenschaal. Leg de kippendijen erop met de huid naar boven, dek de ovenschaal strak af met aluminiumfolie en rooster 25 minuten in de oven. Haal uit de oven, verwijder de aluminiumfolie en bestrijk de kip met de apart gehouden marinade. Rooster nog 20 minuten in de oven, tot de kip krokant is; misschien moet je hiervoor de oventemperatuur verhogen.

VOOR ERBIJ

✧ ✧ ✧ ✧ ✧ ✧ ✧ ✧ ✧ ✧ ✧ ✧ ✧ ✧ ✧ ✧ ✧ ✧

rijst of tabouleh (zie pag. 100)

Serveer direct met rijst of tabouleh.

SYRISCHE FISH-AND-CHIPS MET TAHINSAUS

VOOR 4 PERSONEN

VOOR DE VIS

❖ ❖ ❖ ❖ ❖ ❖ ❖ ❖ ❖ ❖ ❖ ❖ ❖ ❖ ❖ ❖

4 kabeljauwfilets zonder huid
2 tl komijnpoeder
1 tl gemalen witte peper
4 teentjes knoflook, geperst
50 ml olijfolie
zout
200 g bloem
1 el maïszetmeel

Leg de kabeljauwfilets in een schaal. Meng het komijnpoeder met de witte peper, knoflook, olijfolie en een snufje zout in een kom. Schenk over de vis en laat afgedekt minimaal 4 uur, of een hele nacht, in de koelkast marineren.

VOOR DE TAHINSAUS

❖ ❖ ❖ ❖ ❖ ❖ ❖ ❖ ❖ ❖ ❖ ❖ ❖ ❖ ❖

50 g tahin
1 teentje knoflook, geperst
sap van 1 citroen
een kleine handvol peterselie,
   blaadjes fijngehakt
1 el ijskoud water

Maak intussen de tahinsaus. Meng de tahin met de knoflook, het citroensap en de gehakte peterselie in een kom. Voeg het ijskoude water toe, roer tot een romige saus en zet apart.

VOOR DE FRIETJES

❖ ❖ ❖ ❖ ❖ ❖ ❖ ❖ ❖ ❖ ❖ ❖ ❖ ❖ ❖

800 g iets kruimige aardappels
2 l zonnebloemolie of andere
   plantaardige olie, om in te frituren
zout
1 tl gerooktepaprikapoeder

Schil de aardappels en snijd in frietjes van ongeveer 1 cm dik. Schenk de olie in een grote pan met dikke bodem (minimaal een laag van 9 cm, maar de pan mag niet voor meer dan de helft gevuld zijn). Verhit op middelhoog vuur tot 140 °C. Heb je geen frituurthermometer? Voeg dan een stukje aardappel toe aan de olie; als het boven komt drijven en gebakken wordt, dan is de olie op temperatuur. Voeg de frietjes in kleine porties toe aan de olie en bak ongeveer 8 minuten, tot ze heel lichtgoudbruin en bijna gaar zijn, en schep met een schuimspaan uit de olie op keukenpapier.

Zet het vuur iets hoger en verhit de olie tot 180 °C (of test opnieuw met een frietje; dit moet veel sneller goudbruin worden dan de eerste keer). Voeg de frietjes weer in porties toe, bak in 2 tot 3 minuten goudbruin en schep op nieuwe vellen keukenpapier. Bestrooi met flink wat zout en het gerooktepaprikapoeder.

Terug naar de vis: meng de bloem met een snufje zout en het maïszetmeel in een kom. Wentel de visfilets een voor een door de bloem, tot ze volledig bedekt zijn. Controleer of de olie nog steeds 180 °C is en frituur de vis in 5 tot 6 minuten goudbruin en krokant. Serveer met de frietjes en tahinsaus.

MUJADARA

Bulgur met bruine linzen

Dit gerecht is zowel warm als op kamertemperatuur lekker, dus het is een goed idee om meer te maken en de rest de dag erna als salade te eten (zie pagina 160). Gebruik de beste extra vergine olijfolie die je hebt, want die proef je in het hele gerecht terug.

VOOR DE BEREIDING

❖ ❖ ❖ ❖ ❖ ❖ ❖ ❖ ❖ ❖ ❖ ❖ ❖ ❖ ❖

200 g gedroogde bruine linzen
100 ml extra vergine olijfolie
1 el komijnzaad
1 grote ui, fijngesnipperd
1 tl zout
1 tl versgemalen zwarte peper
1 tl baharat (zie pag. 32)
1 tl madras kerriepoeder
200 g grove bulgur

Was de linzen in een zeef tot het water helder is.

Verhit 75 milliliter van de olijfolie met het komijnzaad in een middelgrote pan op middelhoog vuur en rooster 1 minuut. Zet het vuur iets lager, voeg de ui toe en bak 8 tot 10 minuten, tot de ui zacht en licht gekaramelliseerd is.

Voeg de linzen, 1 theelepel zout, de zwarte peper, *baharat* en het kerriepoeder toe en roer door, zodat de linzen kunnen roosteren en met olie omhuld worden. Voeg voldoende water toe, zodat de linzen minimaal 3 cm onder staan en breng met een deksel op de pan aan de kook. Zet het vuur laag en laat 20 minuten zachtjes koken, tot de linzen beetgaar zijn.

Roer nu de bulgur en de rest van de olijfolie erdoor. Vul indien nodig het water aan, zodat het nog steeds 3 cm boven de linzen en bulgur staat; gebruik hiervoor kokend water. Plaats het deksel op de pan, zet het vuur hoger en laat 3 tot 5 minuten koken. Haal van het vuur, leg een schone theedoek over de pan en laat 30 tot 45 minuten staan.

VOOR ERBIJ

❖ ❖ ❖ ❖ ❖ ❖ ❖ ❖ ❖ ❖ ❖ ❖ ❖ ❖ ❖

gebakken uitjes (zie pag. 54)
een bord vol groen (zie pag. 45)
ingelegde komkommers
  (zie pag. 56)
ingelegde Turkse pepers
  (o.a. Midden-Oosterse
  supermarkt)
laban bikhiar (zie pag. 97)

Haal de theedoek en het deksel van de pan, roer de linzen en bulgur los met een vork en breng op smaak met zout en peper. Garneer met de gebakken uitjes en serveer met je favoriete bijgerechten.

MUJADARASALADE

VOOR DE BEREIDING

❖ ❖ ❖ ❖ ❖ ❖ ❖ ❖ ❖ ❖ ❖ ❖ ❖ ❖ ❖ ❖ ❖

300 g overgebleven mujadara
  (zie pag. 158)
3 snackkommers, in kleine
  blokjes
6 radijsjes, in dunne plakjes
een handvol peterselie, blaadjes
  grofgehakt
een kleine handvol munt,
  blaadjes grofgehakt
50 g pijnboompitten, geroosterd
1 grote vleestomaat, zaadlijsten
  verwijderd en in kleine blokjes
sap van 1 citroen
50 ml extra vergine olijfolie
zout en versgemalen zwarte
  peper

Voeg ingrediënten tot en met de olijfolie toe aan een grote kom,
breng op smaak met zout en peper en meng door elkaar.

KABSA MET GARNALEN

VOOR DE BEREIDING

✤ ✤ ✤ ✤ ✤ ✤ ✤ ✤ ✤ ✤ ✤ ✤ ✤ ✤ ✤ ✤ ✤ ✤

2 el olijfolie

1 el komijnzaad

3 kruidnagels

1 kaneelstokje

3 groene kardemompeulen

1½ el kabsa-kruiden
  (zie pag. 32)

1 tl versgemalen zwarte peper

1½ tl baharat (zie pag. 32)

1 laurierblaadje

1 grote ui, fijngesnipperd

1 groene paprika, zaadlijsten
  verwijderd en in blokjes

1 of 2 kleine rode chilipepers
  (optioneel)

1 blik gepelde tomaten à 400 g

2 tl zout

400 g langkorrelige rijst

75 g blanke rozijnen of
  sultanarozijnen

300 g gepelde, rauwe gamba's

Verhit de olijfolie in een grote pan met dikke bodem op middelhoog vuur, voeg het komijnzaad toe en rooster 1 minuut. Voeg de kruidnagels, het kaneelstokje, de kardemompeulen, *kabsa*-kruiden, zwarte peper, *baharat* en het laurierblaadje toe en bak al roerend 1 minuut. Voeg de ui en paprika toe en bak regelmatig roerend in 10 minuten zacht; zet indien nodig het vuur lager zodat de specerijen niet aanbranden. Als je chilipeper(s) wilt toevoegen, halveer deze dan in de lengte en voeg toe aan de pan.

Voeg de tomaten en het zout toe aan de pan, vul het lege blik van de tomaten met water en schenk in de pan erbij. Breng aan de kook, zet het vuur lager en laat 25 minuten zachtjes koken.

Was intussen de rijst in een zeef tot het water helder is. Voeg toe aan een kom, bedek met water en laat 30 minuten weken.

Breng de saus indien nodig verder op smaak met zout en peper, giet de rijst af en roer met de rozijnen en gamba's door de saus. De saus moet ongeveer 2 cm boven de rijst staan; zo niet, voeg dan nog wat water toe.

Breng de rijst in de saus aan de kook. Plaats een deksel op de pan, zet het vuur meteen laag en laat 15 minuten zachtjes koken. Haal van het vuur met het deksel stevig op de pan en laat 10 minuten staan.

VOOR ERBIJ

✤ ✤ ✤ ✤ ✤ ✤ ✤ ✤ ✤ ✤ ✤ ✤ ✤ ✤ ✤ ✤ ✤ ✤

50 g pijnboompitten, geroosterd

een handvol fijngehakte
  peterselieblaadjes

laban bikhiar (zie pag. 97)

groene salade

Haal het deksel van de pan en roer de rijst voorzichtig los met een vork. Serveer met de pijnboompitten, peterselie, *laban bikhiar* en een groene salade.

KABSA MET KIP

VOOR DE BEREIDING

✧ ✧ ✧ ✧ ✧ ✧ ✧ ✧ ✧ ✧ ✧ ✧ ✧ ✧ ✧ ✧ ✧ ✧

2 el olijfolie

4 kippenbouten

1 el komijnzaad

3 kruidnagels

1 kaneelstokje

3 groene kardemompeulen

1½ el kabsa-kruiden
   (zie pag. 32)

1½ tl baharat (zie pag. 32)

1 tl versgemalen zwarte peper

1 laurierblaadje

1 grote ui, fijngesnipperd

1 groene paprika, zaadlijsten
   verwijderd en in blokjes

1 of 2 kleine rode chilipepers
   (optioneel)

1 blik gepelde tomaten à 400 g

2 tl zout

400 g langkorrelige rijst

75 g blanke rozijnen of
   sultanarozijnen

Verhit de olijfolie in een grote pan met dikke bodem op middelhoog vuur, leg de kippenbouten met de huid naar beneden in de pan en bak (waarschijnlijk in twee porties) in ongeveer 7 minuten bruin. Haal uit de pan en leg apart op een bord.

Voeg het komijnzaad toe aan dezelfde pan en rooster 1 minuut. Voeg de kruidnagels, het kaneelstokje, de kardemompeulen, *kabsa*-kruiden, *baharat*, zwarte peper en het laurierblaadje toe en bak al roerend 1 minuut. Voeg de ui en paprika toe en bak regelmatig roerend in 10 minuten zacht; zet indien nodig het vuur lager zodat de specerijen niet aanbranden. Als je chilipeper(s) wilt toevoegen, halveer deze dan in de lengte en voeg toe aan de pan.

Voeg de gepelde tomaten en het zout toe aan de pan, vul het lege blik van de tomaten met water, schenk in de pan erbij en breng aan de kook. Leg de kippenbouten terug in de pan en zorg dat ze volledig met de saus bedekt zijn; zo niet, voeg dan nog wat water toe. Plaats een deksel op de pan, zet het vuur laag en laat 45 minuten zachtjes koken.

Was intussen de rijst in een zeef tot het water helder is. Voeg toe aan een kom, bedek met water en laat 30 minuten weken.

Verwarm de oven voor op de grillstand ot 180 °C.

Haal de kippenbouten uit de pan en leg in een braadslede. Breng de saus indien nodig verder op smaak met zout en peper.

Giet de rijst af en roer met de rozijnen door de saus. De saus moet ongeveer 2 cm boven de rijst staan; zo niet, voeg dan nog wat water toe.

Breng de rijst in de saus aan de kook. Plaats het deksel op de pan, zet het vuur meteen laag en laat 15 minuten zachtjes koken. Haal van het vuur met het deksel stevig op de pan en laat 10 minuten staan.

Zet intussen de kip 5 tot 10 minuten onder de grill, tot de huid weer krokant wordt en goudbruin is.

VOOR ERBIJ

✧ ✧ ✧ ✧ ✧ ✧ ✧ ✧ ✧ ✧ ✧ ✧ ✧ ✧ ✧ ✧ ✧ ✧

gepelde pistachenoten
   (optioneel)

50 g pijnboompitten, geroosterd

een handvol fijngehakte
   peterselieblaadjes

laban bikhiar (zie pag. 97)

groene salade

Haal het deksel van de pan en roer de rijst voorzichtig los met een vork. Serveer met de kip, eventueel de pistachenoten, pijnboompitten, peterselie, *laban bikhiar* en een groene salade.

KABSA MET GROENTEN

VOOR DE BEREIDING

✦ ✦ ✦ ✦ ✦ ✦ ✦ ✦ ✦ ✦ ✦ ✦ ✦ ✦ ✦ ✦ ✦ ✦ ✦

4 el olijfolie
1 el komijnzaad
250 g kastanjechampignons,
   in plakjes
3 rode paprika's, zaadlijsten
   verwijderd en in blokjes
1 groene paprika, zaadlijsten
   verwijderd en in blokjes
2 rode uien, in ringen van 1 cm
1 of 2 kleine rode chilipepers
   (optioneel)
1½ el kabsa-kruiden
   (zie pag. 32)
1 tl versgemalen zwarte peper
1½ tl baharat (zie pag. 32)
3 kruidnagels
1 kaneelstokje
3 groene kardemompeulen
1 laurierblaadje
2 tl zout
1 blik gepelde tomaten à 400 g
400 g langkorrelige rijst
75 g blanke rozijnen of
   sultanarozijnen

Verhit 2 eetlepels van de olijfolie in een grote pan met dikke bodem op middelhoog vuur, voeg het komijnzaad toe en rooster 1 minuut. Voeg de kastanjechampignons toe en bak af en toe roerend 4 tot 5 minuten op hoog vuur, tot ze goudbruin zijn. Haal uit de pan en leg apart op een bord.

Voeg de rest van de olijfolie toe aan de pan en bak de rode en groene paprika en rode ui 8 tot 10 minuten, tot ze lichtbruin worden. Als je chilipeper(s) wilt toevoegen, halveer deze dan in de lengte en voeg toe aan de pan. Voeg de champignons weer toe aan de pan, gevolgd door de *kabsa*-kruiden, zwarte peper, *baharat*, kruidnagels, het kaneelstokje, de kardemompeulen, het laurierblaadje en het zout. Bak 2 tot 3 minuten en voeg dan de gepelde tomaten toe.

Vul het lege blik van de tomaten met water, schenk in de pan erbij en breng aan de kook. Plaats een deksel op de pan, zet het vuur laag en laat 25 tot 30 minuten zachtjes koken.

Was intussen de rijst in een zeef tot het water helder is. Voeg toe aan een kom, bedek met water en laat 30 minuten weken.

Breng de saus indien nodig verder op smaak met zout en peper. Giet de rijst af en roer met de rozijnen door de saus.

Breng de rijst in de saus aan de kook. Plaats het deksel op de pan, zet het vuur meteen laag en laat 15 minuten zachtjes koken. Haal van het vuur met het deksel stevig op de pan en laat 10 minuten staan.

VOOR ERBIJ

✦ ✦ ✦ ✦ ✦ ✦ ✦ ✦ ✦ ✦ ✦ ✦ ✦ ✦ ✦ ✦ ✦ ✦ ✦

laban bikhiar (zie pag. 97)
50 g pijnboompitten, geroosterd
een handvol fijngehakte
   peterselieblaadjes
groene salade

Haal het deksel van de pan en roer de rijst voorzichtig los met een vork. Serveer met *laban bikhiar*, pijnboompitten, peterselie en een groene salade.

GEVULDE COURGETTES, AUBERGINES EN PAPRIKA'S

Als je geen extra vet lamsgehakt kunt vinden, voeg dan 1 eetlepel ghee toe.

VOOR DE GROENTEN

✤ ✤ ✤ ✤ ✤ ✤ ✤ ✤ ✤ ✤ ✤ ✤ ✤ ✤ ✤ ✤

5 mini-aubergines (o.a. Midden-
   Oosterse supermarkt)
10 mini-courgettes (o.a. Midden-
   Oosterse supermarkt)
4 paprika's, kleur naar keuze

Hol de aubergines en courgettes in de lengte uit met behulp van een appelboor, zodat je ze kunt vullen. Snijd de kapjes van de paprika's, zodat je ook de paprika's kunt vullen; verwijder de zaadlijsten. Bewaar de kapjes om later als deksel te gebruiken.

VOOR DE VULLING

✤ ✤ ✤ ✤ ✤ ✤ ✤ ✤ ✤ ✤ ✤ ✤ ✤ ✤ ✤ ✤

200 g kortkorrelige rijst
2 el saffloer (o.a. Midden-
   Oosterse supermarkt) of
   saffraan
2 tl komijnpoeder
1 tl baharat (zie pag. 32)
400 g extra vet lamsgehakt
   (30% vet)
zout
1 tl versgemalen zwarte pper

Was voor de vulling de rijst tot het water helder is. Voeg met de saffloer toe aan een kom en meng goed met je handen (draag hiervoor handschoenen, zodat je handen niet geel worden). Voeg het komijnpoeder, de *baharat*, het lamsgehakt, een flinke snuf zout en 1 theelepel zwarte peper toe en meng opnieuw met je handen door elkaar.

VOOR DE SAUS

✤ ✤ ✤ ✤ ✤ ✤ ✤ ✤ ✤ ✤ ✤ ✤ ✤ ✤ ✤ ✤

sap van 1 citroen
200 ml tamarindewater
   (pag. 130)
10 teentjes knoflook,
   fijngewreven tot een pasta
1 tl baharat (zie pag. 32)
1 el saffloer (o.a. Midden-
   Oosterse supermarkt) of
   saffraan
2 el tomatenpuree
zout
1 tl versgemalen zwarte peper

Meng voor de saus het citroensap met het tamarindewater, de knoflook, baharat, saffloer, tomatenpuree, een flinke snuf zout en 1 theelepel zwarte peper in een kom.

Vul de aubergines, courgettes en paprika's voor driekwart, zet ze rechtop en strak tegen elkaar aan in een diepe pan van 30 cm met een dikke bodem of een braadpan van 30 cm.

Schenk voldoende saus erover om alles net te bedekken; je hebt mogelijk niet alle saus nodig, dus houd de rest apart voor het geval je de saus nog moet aanvullen. Dek de pan strak af met aluminiumfolie of een deksel en verhit op hoog vuur, tot de saus kookt. Laat 10 minuten koken, zet het vuur laag en laat 1 uur zachtjes koken. Serveer direct.

MIJN REIS NAAR HET VERENIGD KONINKRIJK, DEEL 2

HOE HET ME UITEINDELIJK toch is gelukt om het Verenigd Koninkrijk binnen te komen? Tegen de Britse immigratiedienst heb ik gezegd dat ik achter in een vrachtwagen zat, maar in werkelijkheid ben ik met een vals paspoort en een eersteklas *Eurostar*-ticket van Parijs naar Londen gereisd.

Na de mislukte vlucht naar Heathrow vroeg ik mijn contactpersoon om een nieuw paspoort. Deze keer gaf hij me een echt paspoort, maar dan niet met mijn foto erop. Het was de foto van een man die een heel klein beetje op me leek, maar het zou volstaan. Dat hoopte ik tenminste. Ik wilde niets aan het toeval overlaten en de controle over de situatie houden, dus ik besloot mijn eigen ticket te boeken. Ik peinsde er niet over om terug naar het vliegveld te gaan, dus ik ging naar het treinstation. Ik zou de Eurostar naar Londen nemen. Toen ik op Gare du Nord aankwam, was het vroeg in de avond en spitsuur, en er waren alleen nog maar tickets voor de eerste klas. Het ticket kostte 182 euro, bijna al het geld dat ik nog had, maar inmiddels was ik helemaal klaar om te gaan. Ik zou die avond vertrekken en wilde niet langer wachten. Ik kocht het ticket en liep naar de veiligheidscontrole.

Ik trilde zichtbaar toen ik de Franse paspoortcontrole naderde. Ik overhandigde mijn papieren. De marechaussee keek ernaar en toen naar mij. En ik zag meteen aan hem dat hij me doorhad. Hij geloofde niet dat ik de man op de foto was, maar hij liet me toch doorlopen. Ik begreep niet waarom. Was dit weer een wonder? Maar toen zag ik het. Voor me was er nog een paspoortcontrole; de Britse. Ik was geschokt, want ik wist niet dat hier twee paspoortcontroles waren. Ik was ontzettend bang. Ik stond in de rij, naarstig op zoek naar een oplossing en deed een poging om kalm over te komen, maar de paniek sloeg toe. De Britse marechaussee was bezig om de vrouw voor mij aan een kruisverhoor te onderwerpen. Waarom was ze in Parijs? Waarom reisde ze alleen? Waar ging ze naartoe in het Verenigd Koninkrijk? Hoelang zou ze blijven? Ze was de meest Brits uitziende persoon die ik ooit had gezien. Als hij haar al zoveel vragen stelde, hoe zou hij dan op mij reageren als ik aan de beurt was? Een Syriër, fysiek uitgeput na maanden onderweg te zijn geweest, met een vals paspoort? Het volume van hun stemmen nam samen met mijn angst toe. Maar toen sprong de vrouw opeens uit haar vel en begon te schreeuwen en te vloeken, tot de beveiliging haar meenam. Toen was ik aan de beurt.

Ik liep naar voren en schoof mijn ticket en paspoort onder het glas door. De marechaussee was in gesprek met zijn collega in het hokje naast hem. Hij vertelde hem wat er zojuist was gebeurd en was nog steeds geagiteerd

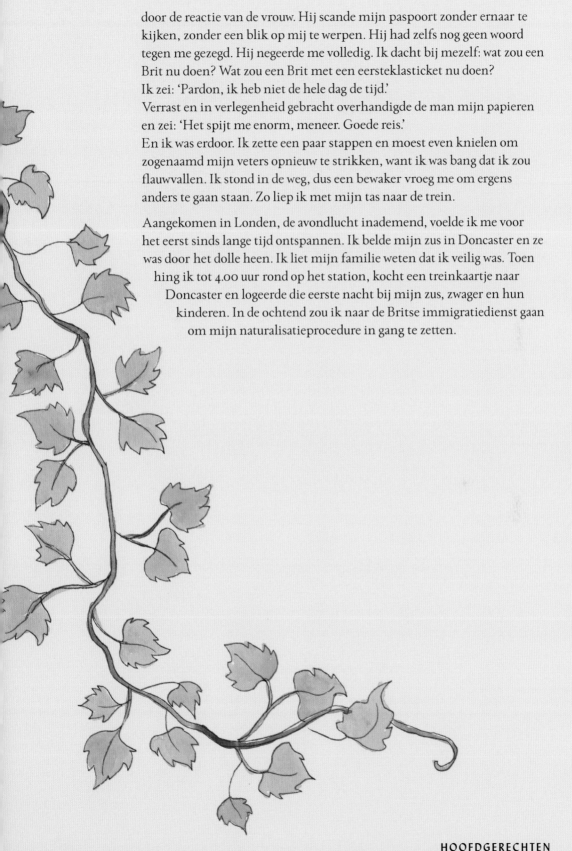

door de reactie van de vrouw. Hij scande mijn paspoort zonder ernaar te kijken, zonder een blik op mij te werpen. Hij had zelfs nog geen woord tegen me gezegd. Hij negeerde me volledig. Ik dacht bij mezelf: wat zou een Brit nu doen? Wat zou een Brit met een eersteklasticket nu doen? Ik zei: 'Pardon, ik heb niet de hele dag de tijd.'

Verrast en in verlegenheid gebracht overhandigde de man mijn papieren en zei: 'Het spijt me enorm, meneer. Goede reis.'

En ik was erdoor. Ik zette een paar stappen en moest even knielen om zogenaamd mijn veters opnieuw te strikken, want ik was bang dat ik zou flauwvallen. Ik stond in de weg, dus een bewaker vroeg me om ergens anders te gaan staan. Zo liep ik met mijn tas naar de trein.

Aangekomen in Londen, de avondlucht inademend, voelde ik me voor het eerst sinds lange tijd ontspannen. Ik belde mijn zus in Doncaster en ze was door het dolle heen. Ik liet mijn familie weten dat ik veilig was. Toen hing ik tot 4.00 uur rond op het station, kocht een treinkaartje naar Doncaster en logeerde die eerste nacht bij mijn zus, zwager en hun kinderen. In de ochtend zou ik naar de Britse immigratiedienst gaan om mijn naturalisatieprocedure in gang te zetten.

HEILBOT IN BOTER

Dit traditionele gerecht is in de zomer heel populair in Syrië, vooral aan de mediterrane kust. Het valt bij iedereen in de smaak vanwege zijn eenvoud; het enige doel van de saus is de smaak van de heilbot versterken, de citroen voegt een zuurtje en frisheid toe zonder te overheersen.

VOOR DE BEREIDING

❖ ❖

50 g boter
2 teentjes knoflook, geperst
1 tl komijnzaad
1 tl zout
½ tl versgemalen zwarte peper
4 heilbotfilets à 200 g,
  zonder huid
1 citroen, in dunne schijfjes
verse tijm, naar smaak
sumak, naar smaak
pul biber (o.a. Midden-Oosterse
  supermarkt) of gewone
  chilivlokken, naar smaak

Verwarm de oven voor tot 180 °C.

Smelt de boter in een kleine pan op matig vuur. Voeg de knoflook, het komijnzaad, zout en de peper toe en roer door.

Leg de heilbotfilets in een ovenschaal en schenk het botermengsel erover. Leg de schijfjes citroen erop en dek de ovenschaal af met aluminiumfolie. Gaar 5 tot 8 minuten in de oven, afhankelijk van de dikte van de visfilets. Haal de aluminiumfolie eraf en gaar nog 5 minuten in de oven, tot het visvlees met behulp van een vork gemakkelijk uit elkaar valt.

Bestrooi met wat tijm, sumak en chilivlokken en serveer.

KUFTAH TAHINI

Voor dit recept heb je gehakt met een hoog vetpercentage nodig. Gebruik een mix van rundergehakt en lamsgehakt, maar als je dat niet wilt, kun je ook alleen lamsgehakt of alleen rundergehakt nemen.

Afgebeeld op pagina 174-175.

VOOR DE SAUS

✦ ✦ ✦ ✦ ✦ ✦ ✦ ✦ ✦ ✦ ✦ ✦ ✦ ✦ ✦ ✦

1 ui, grofgesneden
3 teentjes knoflook, gepeld
een kleine handvol peterselie, steeltjes en blaadjes apart
1 el rodepaprikapuree (o.a. Midden-Oosterse supermarkt)

Pureer de ui met de knoflook, peterseliesteeltjes (hak de blaadjes fijn en houd apart voor de garnering) en rodepaprikapuree in een keukenmachine glad.

VOOR DE BEREIDING

✦ ✦ ✦ ✦ ✦ ✦ ✦ ✦ ✦ ✦ ✦ ✦ ✦ ✦ ✦ ✦

750 g rundergehakt (15-20% vet)
250 g lamsgehakt (15-20% vet)
2 el Griekse yoghurt
2 el granaatappelmelasse
1 tl versgemalen zwarte peper
1 tl baharat (zie pag. 32)
½ tl korianderpoeder
½ tl komijnpoeder
2 tl zout

Verwarm de oven voor tot 220 °C.

Voeg het rundergehakt, lamsgehakt, de gepureerde saus, yoghurt, granaatappelmelasse, zwarte peper, *baharat*, het korianderpoeder, komijnpoeder en zout toe aan een mengkom en meng alles met je handen goed door elkaar.

Leg het gehaktmengsel in een ronde bakvorm of ovenvaste koekenpan van 30 cm en verdeel met je handen gelijkmatig over de bodem. Druk met je vingertoppen rondom langs de rand van de bakvorm of pan om het gehaktmengsel van de rand te scheiden. Maak met je vingertoppen kuiltjes in het oppervlak.

VOOR DE GARNERING

✧ ✧ ✧ ✧ ✧ ✧ ✧ ✧ ✧ ✧ ✧ ✧ ✧ ✧ ✧ ✧

1 grote tomaat, in 6 partjes
1 rode ui, in ringen van 1 cm
2-3 rode chilipepers, in de lengte
  gehalveerd (optioneel)
1 tl gedroogde rozemarijn
1 el olijfolie
zout en versgemalen zwarte
  peper

Verdeel de tomatenpartjes, rode ui, eventueel de chilipepers en gedroogde rozemarijn erover, besprenkel met de olijfolie en breng op smaak met zout en peper.

Bak 30 minuten in de oven, tot het er krokant en goudbruin uitziet. Als er vocht uit het gehakt is gekomen, giet dat dan af en zet nog even terug in de oven.

VOOR ERBIJ

✧ ✧ ✧ ✧ ✧ ✧ ✧ ✧ ✧ ✧ ✧ ✧ ✧ ✧ ✧ ✧

5 el tahinsaus (zie pag. 54)
chiliolie (optioneel)
pitabrood
een bord vol groen (zie pag. 45)

Sprenkel direct de tahinsaus en eventueel de chiliolie erover en serveer met de gehakte peterselieblaadjes, het pitabrood en een bord vol groen. Ik vind het ook lekker in een pitabroodje, als een sandwich.

KUFTAH BETINJAN

VOOR DE TOMATENSAUS

✤ ✤ ✤ ✤ ✤ ✤ ✤ ✤ ✤ ✤ ✤ ✤ ✤ ✤ ✤ ✤ ✤

1 blik gepelde tomaten à 400 g
1 el tomatenpuree
100 ml tamarindewater
  (pag. 130)
1 teentje knoflook, gepeld
½ tl korianderpoeder
½ tl komijnpoeder
1 tl baharat (zie pag. 32)
½ tl zout
1 tl versgemalen zwarte peper

Pureer alle ingrediënten voor de tomatensaus in een keukenmachine, schenk in een grote kom en zet apart.

VOOR DE BEREIDING

✤ ✤ ✤ ✤ ✤ ✤ ✤ ✤ ✤ ✤ ✤ ✤ ✤ ✤ ✤ ✤ ✤

1 ui, grofgesnipperd
1 kleine tomaat, gehalveerd
600 g lamsgehakt
1 tl baharat (zie pag. 32)
½ tl zout
½ tl versgemalen zwarte peper
6 mini-aubergines (o.a. Midden-
  Oosterse supermarkt) of
  1-2 middelgrote aubergines
1 rode ui, gepeld
2 grote vleestomaten

Hak de ui en tomaat in de schoongemaakte keukenmachine fijn en voeg toe aan een andere mengkom, gevolgd door het lamsgehakt, de *baharat*, het zout en de peper. Meng met je handen goed door elkaar, vorm van het gehaktmengsel balletjes van 25 gram (ongeveer ter grootte van een grote walnoot) en druk ze iets plat.

Verwarm de oven voor tot 200 °C.

Snijd de aubergines in plakken van 1 cm (snijd de middelgrote aubergines eerst in de lengte doormidden). Halveer de rode ui in de lengte en de tomaat in de breedte en snijd beide in plakjes van 1 cm dik. Leg de platte lamsgehaktballetjes en de groenten (met de schil naar boven) afwisselend in een ovenschaal van 25 x 32 cm.

Schenk de tomatensaus erover, dek de ovenschaal af met aluminiumfolie en gaar 20 minuten in de oven. Verwijder de aluminiumfolie en zet nog 25 minuten terug in de oven, tot het lamsgehakt goudbruin en de aubergine zacht is.

VOOR ERBIJ

✤ ✤ ✤ ✤ ✤ ✤ ✤ ✤ ✤ ✤ ✤ ✤ ✤ ✤ ✤ ✤ ✤

sap van 1 citroen
fijngehakte peterselieblaadjes
gekookte rijst (zie pag. 48) of
  bulgur (zie pag. 49)
een bord vol groen (zie pag. 45)

Knijp de citroen erboven uit, garneer met de peterselie en serveer met rijst of bulgur en een bord vol groen.

MANZILAT BETINJAN

Aubergine met lamsgehakt uit de oven

Idealiter gebruik je hiervoor mini-aubergines, maar ik heb het recept aangepast naar gewone aubergines. Als je mini-aubergines kunt vinden, dan raad ik je aan om die te gebruiken; ga uit van 6 tot 8 stuks.

VOOR DE BEREIDING

✦ ✦ ✦ ✦ ✦ ✦ ✦ ✦ ✦ ✦ ✦ ✦ ✦ ✦ ✦ ✦ ✦ ✦

3 aubergines
zout
4-5 el olijfolie
1 el komijnzaad
1 tl baharat (zie pag. 32)
1 el versgemalen zwarte peper
2 kleine uien, fijngesnipperd
1 el tomatenpuree
500 g lamsgehakt (15-20% vet)
3 grote vlees- of trostomaten (de mooiste, roodste die je kunt krijgen), in plakjes
2 groene paprika's (liefst Turkse), zaadlijsten verwijderd en in dunne ringen

Schil met een dunschiller in de lengte een paar dunne repen van de schil van de aubergines, zodat je een zebrapatroon krijgt; hierdoor krijgen de aubergines een extra rooksmaak. Snijd de aubergines in plakjes van 1 cm dik en leg naast elkaar op een paar bakplaten. Bestrooi met flink wat zout en leg er wat keukenpapier op zodat het vocht eruit kan trekken; dit duurt ongeveer 10 minuten. Dep de aubergines droog met nieuw keukenpapier. Dit is belangrijk, want de aubergines moeten zo droog mogelijk zijn.

Verwarm de oven voor tot 200 °C.

Bestrijk de gedroogde plakjes aubergine met 2 tot 3 eetlepels van de olijfolie en rooster 15 tot 20 minuten in de oven, tot ze goudbruin en iets zachter zijn.

Voeg intussen de rest van de olijfolie toe aan een grote pan op matig vuur. Voeg het komijnzaad, de *baharat*, zwarte peper en zout naar smaak toe en bak 1 minuut. Voeg de ui toe en bak 5 minuten, tot de ui zacht wordt. Voeg de tomatenpuree en het lamsgehakt toe en roer 5 minuten. Haal de aubergines uit de oven en leg ze in een ovenschaal van 30 x 20 cm. Verdeel het lamsgehaktmengsel erover en leg de plakjes tomaat erop, gevolgd door de paprika. Bak in 20 minuten in de oven licht krokant.

VOOR ERBIJ

✦ ✦ ✦ ✦ ✦ ✦ ✦ ✦ ✦ ✦ ✦ ✦ ✦ ✦ ✦ ✦ ✦ ✦

gekookte rijst (zie pag. 48)
een bord vol groen (zie pag. 45)

Serveer direct met rijst en een bord vol groen.

TABAKH ROHO

Tabakh roho betekent 'gaart zichzelf' in het Arabisch. Dit recept levert een heerlijke lamsbouillon op, meer dan je voor dit recept nodig hebt. Laat de rest van de bouillon volledig afkoelen en bewaar maximaal 4 dagen in de koelkast of 3 maanden in de diepvries.

VOOR DE LAMSSCHENKELS

✧ ✧ ✧ ✧ ✧ ✧ ✧ ✧ ✧ ✧ ✧ ✧ ✧ ✧ ✧ ✧

4 lamsschenkels
kies uit de volgende kruiden en
  specerijen 2 of 3 soorten naar
  smaak: verse rozemarijn, verse
  of gedroogde laurierblaadjes,
  verse tijm, kruidnagels,
  kardemompeulen,
  kaneelstokje
1 bol knoflook, horizontaal
  gehalveerd

Leg de lamsschenkels, kruiden en specerijen naar keuze en de gehalveerde bol knoflook in een grote pan en bedek met water. Breng aan de kook en schep gaandeweg eventueel schuim dat ontstaat van het oppervlak. Plaats een deksel op de pan, zet het vuur laag en laat 1½ tot 2 uur zachtjes pruttelen, tot het vlees van het bot valt (hoe langer je het gaart, hoe lekkerder het wordt, dus laat gerust nog wat langer pruttelen). Haal van het vuur, leg de lamsschenkels in een grote kom en zet de lamsbouillon apart.

VOOR DE SAUS

✧ ✧ ✧ ✧ ✧ ✧ ✧ ✧ ✧ ✧ ✧ ✧ ✧ ✧ ✧ ✧

2 el olijfolie
2 tl komijnzaad
2 uien, grofgesnipperd
zout
1 aubergine, geschild en in
  blokjes van 3 cm
4 courgettes, in blokjes van 2 cm
1 blik tomatenblokjes à 400 g
1 el tomatenpuree
100 ml tamarindewater
  (zie pag. 130)
2 tl baharat (zie pag. 32)
1 tl versgemalen zwarte peper
5 teentjes knoflook,
  fijngewreven tot een pasta
3 tl gedroogde munt

Verhit de olijfolie in een andere pan op matig vuur, voeg het komijnzaad toe en rooster 1 minuut. Voeg dan de uien en zout naar smaak toe, roer door en bak een paar minuten. Leg de aubergineblokjes op de ui, maar roer niet!

Zet het vuur laag en laat 10 minuten met een deksel op de pan garen. Voeg dan de courgettes toe en laat, opnieuw zonder te roeren, met het deksel op de pan 10 minuten garen. Voeg de tomatenblokjes, tomatenpuree, het tamarindewater, 100 milliliter van de lamsbouillon, de *baharat*, zwarte peper en zout naar smaak toe.

Roer nu alle lagen voorzichtig door elkaar en leg de lamsschenkels ertussen. Meng de knoflook met een paar eetlepels van de saus in een kleine kom en voeg toe aan de pan. Laat 10 tot 15 minuten zachtjes pruttelen en voeg in de laatste 5 minuten de gedroogde munt toe.

VOOR ERBIJ

✧ ✧ ✧ ✧ ✧ ✧ ✧ ✧ ✧ ✧ ✧ ✧ ✧ ✧ ✧ ✧

bulgur (zie pag. 49)
een bord vol groen (zie pag. 45)

Serveer met bulgur en een bord vol groen.

KIBBEH

Plat en in de oven gebakken

VOOR DE BEREIDING

✧ ✧ ✧ ✧ ✧ ✧ ✧ ✧ ✧ ✧ ✧ ✧ ✧ ✧ ✧ ✧ ✧ ✧ ✧

2 el olijfolie
1 tl komijnzaad
2 kleine uien, fijngesnipperd
150 g lamsgehakt
2 tl zout
2 tl versgemalen zwarte peper
2 tl baharat (zie pag. 32)
50 g geroosterde pijnboompitten
150 g mager rundergehakt
geraspte schil van ½ onbespoten
  citroen
200 g fijne bulgur
2 el gesmolten ghee
1 tl saffloer (o.a. Midden-
  Oosterse supermarkt) of
  saffraan, optioneel

Verwarm de oven voor tot 180 °C.

Verhit de olijfolie in een koekenpan op matig vuur, voeg het komijnzaad toe en rooster 30 seconden. Voeg de helft van de ui toe en bak 5 tot 7 minuten, tot de ui zacht maar niet verkleurd is. Voeg het lamsgehakt, 1 theelepel van het zout, 1 theelepel van de peper en 1 theelepel van de *baharat* toe en bak 4 tot 5 minuten. Voeg de pijnboompitten toe zodra het gehakt gaar is, haal van het vuur en laat afkoelen.

Maal de rest van de ui met het rundergehakt, de geraspte citroenschil en de rest van het zout, de peper en baharat in een gehaktmolen of keukenmachine fijn. Voeg de bulgur toe aan de gehaktmolen of keukenmachine en maal zo glad mogelijk; er mag geen ui of bulgur meer te zien zijn. Voeg indien nodig nog een eetlepel water toe als het gehaktmengsel te dik is en geen geheel vormt en maal erdoor.

Vet een vierkante bakvorm of ovenschaal van 20 cm in met wat van de gesmolten ghee, verdeel de helft van het rundergehaktmengsel over de bodem en druk met de achterkant van een lepel of spatel plat. Verdeel het lamsgehaktmengsel in een egale laag over het rundergehakt, gevolgd door de rest van het rundergehakt. Strijk glad en snijd in 16 vierkantjes. Bestrijk met de rest van de ghee, bestrooi eventueel met de saffloer en bak in 35 tot 40 minuten in de oven bruin.

VOOR ERBIJ

✧ ✧ ✧ ✧ ✧ ✧ ✧ ✧ ✧ ✧ ✧ ✧ ✧ ✧ ✧ ✧ ✧ ✧

een bord vol groen (zie pag. 45)

Serveer direct met een bord vol groen.

KIBBEH MEQLIA

Gerold en gefrituurd

VOOR DE BEREIDING

✦ ✦ ✦ ✦ ✦ ✦ ✦ ✦ ✦ ✦ ✦ ✦ ✦ ✦ ✦ ✦ ✦ ✦

1 portie lamskibbehmengsel
(zie pag. 182)
1 portie runderkibbehmengsel
(zie pag. 182)
1 l plantaardige olie, om in te
frituren

Bereid het lamskibbehmengsel en het runderkibbehmengsel zoals aangegeven op pagina 182.

Vorm het runderkibbehmengsel tot balletjes ter grootte van een golfbal. Maak je duim en handpalm wat vochtig en maak met je duim in het midden van elk balletje een kuiltje. Maak het kuiltje groter tot je een kommetje krijgt; ik houd daarvoor het balletje in één hand en beweeg mijn duim langs de rand van het kuiltje om het steeds iets groter te maken, maar misschien vind je het met twee wijsvingers makkelijker. Houd een kom met water bij de hand en maak je handen regelmatig vochtig, zodat het kibbehmengsel niet blijft plakken. Hoe dunner de rand, hoe beter. Dit vergt oefening, dus houd vol.

Schep een kleine theelepel lamskibbehmengsel in het kommetje. Houd het balletje in één hand en vouw aan de bovenkant dicht zodat het de vorm van een rugbybal krijgt, en zorg ervoor dat er geen lucht tussen zit. De vorm hoeft niet perfect te zijn, als het balletje maar goed dichtzit zodat er tijdens het frituren geen vulling uit komt. Herhaal met de rest van de balletjes en lamskibbehmengsel.

Vul een pan met dikke bodem voor maximaal de helft met de olie en verhit tot 180 °C (voeg wat kibbehmengsel toe aan de olie; als het boven komt drijven en er belletjes ontstaan, dan is de olie op temperatuur). Frituur de kibbeh in kleine porties 3 tot 4 minuten; keer regelmatig, tot ze aan alle kanten goudbruin zijn. Laat uitlekken op keukenpapier.

VOOR ERBIJ

✦ ✦ ✦ ✦ ✦ ✦ ✦ ✦ ✦ ✦ ✦ ✦ ✦ ✦ ✦ ✦

een bord vol groen (zie pag. 45)

Serveer direct met een bord vol groen.

MAKLOUBEH

Lam en rijst

Als je slager de lamsschouder niet in kleine blokjes kan snijden, is lamsgehakt ook prima.

VOOR DE BEREIDING

✢ ✢ ✢ ✢ ✢ ✢ ✢ ✢ ✢ ✢ ✢ ✢ ✢ ✢ ✢ ✢ ✢

350 g langkorrelige rijst
3 grote aubergines, in de lengte
  in plakken van 1 cm
2 el olijfolie
zout en versgemalen zwarte peper
1 el ghee
1 tl komijnzaad
350 g lamsschouder in kleine
  blokjes (vraag dit aan je slager)
1½ tl baharat (zie pag. 32)
650 ml water

Verwarm de oven voor tot 200 °C.

Was de rijst tot het water helder is en laat 30 minuten in een kom koud water weken.

Leg intussen de plakken aubergine naast elkaar op een paar bakplaten. Bestrijk elke plak met de olijfolie en bestrooi met flink wat zout en peper. Rooster 15 tot 20 minuten in de oven, tot de aubergine zacht en lichtgoudbruin is, haal uit de oven en laat iets afkoelen.

Voeg de ghee en het komijnzaad toe aan een grote pan van 23 cm en rooster 1 minuut op middelhoog vuur. Voeg de lamsschouder toe en bak in 5 minuten bruin. Voeg ½ theelepel zout, ½ theelepel peper en ½ theelepel van de *baharat* toe. Roer het lamsvlees door de specerijen en verdeel gelijkmatig over de bodem. Haal de pan van het vuur en laat iets afkoelen.

Leg de geroosterde aubergine op het lamsvlees; vouw daarbij de helft van de plakken naar boven tegen de wand van de pan om de wand volledig te bekleden (je vormt eigenlijk een muurtje zodat de rijst erin kan garen).

Meet het water af in een maatbeker en roer de rest van de baharat, 1 theelepel zout en ½ theelepel zwarte peper erdoor.

Giet de rijst af en voeg toe aan de pan. Strijk de rijst glad met de achterkant van een lepel en schenk het water in de lepel om het water rustig langs de wand van de pan te laten stromen, zodat je de laagjes niet verstoort.

Breng met een deksel op de pan op matig vuur zachtjes aan de kook, zet het vuur helemaal laag en laat 15 minuten garen. Haal van het vuur en laat 10 minuten staan.

VOOR ERBIJ

✢ ✢ ✢ ✢ ✢ ✢ ✢ ✢ ✢ ✢ ✢ ✢ ✢ ✢ ✢ ✢

geroosterde pijnboompitten
laban bikhiar (zie pag. 97)
groene salade
een kleine handvol peterselie-
  en/of muntblaadjes

Haal het deksel van de pan. Leg een groot bord op de pan, keer snel maar voorzichtig de pan met bord en al om en til de pan langzaam omhoog. Strooi de pijnboompitten erover.

Serveer met *laban bikhiar*, een groene salade en verse kruiden.

VAN VLUCHTELING TOT
BRITS STAATSBURGER

Vluchteling zijn is uitputtend. Emotioneel. Deprimerend. Het gaat gepaard met heel veel wachten, niets kunnen doen, volledig overgeleverd zijn aan de genade van steeds andere mensen die het meestal niets lijkt te kunnen schelen. Je bent ongekend afhankelijk van anderen. Zelfs de mensen die betrokken zijn bij de procedure lijken de procedure niet te begrijpen. Dat ligt niet aan hen, want de procedure slaat echt nergens op. Er lijkt geen logica in te zitten.

De dag nadat ik in het Verenigd Koninkrijk was gearriveerd, liep ik het kantoor van de Britse immigratiedienst in Leeds binnen en zei gewoon: 'Hallo, ik ben een Syrische vluchteling. Ik ben hier illegaal; wilt u me alstublieft asiel verlenen?' De man achter de balie gaf me een telefoonnummer. Het was allemaal zo'n routine, niemand leek verrast dat ik er was. De vrouw met wie ik aan de telefoon sprak, schreef mijn telefoonnummer op en ik gaf haar ook het nummer van mijn zwager. Ze vroeg of ik een verblijfplaats had en ik zei dat ik bij familie logeerde. Iemand zou contact met me opnemen over de volgende stappen om mijn status als asielzoeker goedgekeurd te krijgen. En dat was het.

Na dat eerste korte telefoongesprek in Leeds duurde het 27 dagen voordat ik weer werd gebeld. In de tussentijd had niemand mijn achtergrond nagetrokken, mijn gegevens geverifieerd of me zelfs maar gebeld om er zeker van te zijn dat ik nog steeds was waar ik zei dat ik was. Ik had wel een moordenaar kunnen zijn. Ik kon het echt niet geloven: ik had verteld dat ik illegaal in dit land was en niemand controleerde of ik geen crimineel was.

Een maand later was ik terug in Londen. Meer basisvragen. Ze namen mijn vingerafdrukken, maakten foto's. Ze vroegen me waarom we niet gewoon 'nee' tegen Assad hadden gezegd, waarom we niet tegen hem in opstand kwamen. Ze hadden geen flauw benul hoe het er echt aan toeging. Ik ben een vader van drie dochters; je zegt niet zomaar even 'nee' tegen een dictator. Dat zou je je leven kosten. Ze vroegen me waarom mijn vrouw een andere achternaam had dan ik. In Syrië behouden vrouwen hun meisjesnaam wanneer ze trouwen, maar ze gaven me het gevoel dat ik iets te verbergen had.

Er gingen weer drie maanden voorbij zonder contact, terwijl ik wachtte op mijn tweede vraaggesprek. Hoe kan iemand maandenlang in een nieuw land wonen zonder steun, niet in staat om te werken? Gelukkig had ik familie die me graag hielp, maar ik wilde mezelf onderhouden. Als vluchteling mag je niet werken, zelfs volledig opgeleide artsen niet, en die hebben ze hier hard nodig! Officieel heb je recht op een wekelijkse toelage van de overheid, maar dat is te weinig om van te leven en elke keer als ik belde, kreeg ik te horen dat ze ermee bezig waren. Ik kwam er al snel achter dat mensen graag profiteren van de wanhoop van asielzoekers.

Ik ging dichter in de buurt van Londen wonen en vond werk bij een autowasstraat. Ik wilde niet illegaal werken, maar maandenlang nietsdoen is moeilijk. Het is moeilijk voor iemand als ik, die zichzelf altijd heeft kunnen onderhouden, om zo afhankelijk van anderen te zijn. En het is mentaal heel moeilijk om in het ongewisse te leven, om je voortdurend af te vragen: en nu? Wat is er aan de hand? Is er iets verkeerd gegaan? Je kunt jezelf helemaal verliezen. Ik probeer altijd naar lichtpuntjes te zoeken, maar om eerlijk te zijn waren die er nauwelijks in die tijd. Ik werd slecht behandeld in de autowasstraat, ik werd onderbetaald, ik sliep in een keet. Ik was er 24 uur per dag. Mensen buiten andere mensen in kwetsbare situaties uit, maar ik had niet echt een keuze.

Maar 26 april 2016, zes maanden nadat ik in het Verenigd Koninkrijk was gearriveerd, was een goede dag: mijn asielzoekersstatus werd eindelijk goedgekeurd, wat betekende dat ik legaal mocht werken. Beter nog, het betekende dat ik mijn gezinsherenigingsaanvraag kon indienen en ik stond mezelf toe om me te verheugen op het weerzien met mijn vrouw en dochters. Bij sommige mensen duurt het wel een jaar voordat hun aanvraag wordt verwerkt, maar deze keer had ik geluk en werd de aanvraag na bijna drie maanden goedgekeurd.

De hereniging met mijn gezin in juli 2016, was een van de wonderbaarlijkste momenten van mijn leven. We hadden er allemaal van gedroomd, maar niet op durven hopen voor het geval het veel langer zou duren dan we hadden verwacht of überhaupt niet zou doorgaan. De Britse immigratiedienst gaf ons toestemming om vijf jaar in het Verenigd Koninkrijk te blijven, wat betekende dat we hier vijf jaar mochten wonen en daarna in aanmerking konden komen voor een verblijfsvergunning voor onbepaalde tijd. Na een jaar kun je echter ook de Britse nationaliteit aanvragen. Het kost heel veel geld en gaat gepaard met heel veel stomme examens om je kennis van het leven van een Brits staatsburger te toetsen. Vragen over de geschiedenis, de wetten en de gebruiken. Vragen als 'Welke zwemmer won in de jaren 1970 olympisch goud?' Vragen waarop veel Britten gegarandeerd het antwoord niet zouden weten. Maar om middernacht, precies een jaar nadat we onze verblijfsvergunning hadden gekregen, dienden we onze aanvraag in. We waren klaar en voorbereid, we hadden gedaan wat we konden. Waar we niet op waren voorbereid, was het ellenlange wachten.

Omdat mijn moeder was overleden, was mijn vader in zijn eentje achtergebleven en ik wist dat ik een manier moest vinden om hem ook te laten overkomen. De immigratiedienst weigerde hem als onderdeel van mijn gezinsherenigingsaanvraag, omdat hij niet bij het gezin hoorde... Het over-en-weergepraat duurde eindeloos en uiteindelijk daagde ik hen voor de rechter. Ik zei dat ik een visum voor hem zou betalen, dat ik niets nodig had van de immigratiedienst en dat ik gewoon wilde dat hij bij ons was. In maart 2018 kwam hij naar het Verenigd Koninkrijk en ging hij tussen mijn zus en mij in wonen.

Bij veel mensen die ik ken, duurde het een paar weken of maanden voor hun naturalisatieaanvraag werd goedgekeurd. Wij wachtten elf maanden lang zonder iets te horen. Wachten, wachten. Is er iets mis met mijn papieren? Zijn ze iets aan het onderzoeken? Ik had een parkeerboete, zou dat betekenen dat ze me zouden terugsturen naar Syrië? Waarom is de aanvraag bij deze persoon na zes weken goedgekeurd en bij ons nog niet? Toen kwamen de geruchten dat de wetgeving rondom het naturalisatieproces binnenkort zou worden aangepast. En toen onthulde de minister van Binnenlandse Zaken de plannen om asielzoekers naar Rwanda te sturen. Gold dat ook voor ons? Ook al waren we al zo ver in het proces? Zoveel zorgen, zoveel onzekerheid, zoveel angst. Elke keer als ik belde, kreeg ik te horen dat 'ze er nog steeds mee bezig waren'.

Het was inmiddels 2022. Ik bestierde een succesvol restaurant, had mensen in dienst, mijn vrouw runde een cateringbedrijf, we betaalden belasting, mijn kinderen gingen naar school. Wat hadden we gedaan? Wat konden we nog meer doen?

En toen, in december 2022, kregen we eindelijk officieel de Britse nationaliteit.

Ik kan niet in woorden uitdrukken wat dat voor ons betekende. Het was een ontzettend emotioneel moment voor me. Ik had er jarenlang van gedroomd om ergens weer volledig thuis te horen. Je hoeft niet de Britse nationaliteit te hebben om een Londenaar te zijn en ik voel niet meer loyaliteit voor mijn nieuwe stad omdat ik nu een Brits staatsburger ben. Ik voelde me in dit land geaccepteerd op het moment dat de mensen me met open armen verwelkomden. Toen ze mijn eten proefden en ervan genoten. Toen ze me omhelsden op straat, mijn verhaal volgden op Instagram, zeiden dat ze blij waren dat ik er was. Toen voelde ik oprecht dat ik weer ergens bij hoorde, dat ik een thuis had. Ik had mijn nationaliteit allang voor ik die officieel kreeg, maar nu konden we niet meer het land uitgezet worden. We waren veilig.

MOUSSAKA

Dit Syrische gerecht heet weliswaar moussaka, maar het is niet de versie die iedereen kent. Het is vegan en wordt tijdens christelijke vastentijden gegeten. In Syrië frituren we de aubergines, maar ik heb het recept aangepast om het iets gezonder, gemakkelijker en iets minder vet te maken.

VOOR DE BEREIDING

✦ ✦ ✦ ✦ ✦ ✦ ✦ ✦ ✦ ✦ ✦ ✦ ✦ ✦ ✦ ✦

3 aubergines
zout
3-4 el olijfolie

Schil met een dunschiller in de lengte een paar dunne repen van de schil van de aubergines, zodat je een zebrapatroon krijgt; hierdoor krijgen de aubergines een extra rooksmaak. Snijd de aubergines nu in de lengte in plakken van 2 cm dik.

Leg de aubergineplakken naast elkaar op een paar bakplaten. Bestrooi met flink wat zout en leg er wat keukenpapier op, zodat het vocht eruit kan trekken; dit duurt ongeveer 10 minuten. Dep de aubergines droog met nieuw keukenpapier. Dit is belangrijk, want de aubergines moeten zo droog mogelijk zijn, zodat je geen zompige moussaka krijgt.

Verwarm de oven voor tot 200 °C. Sprenkel 2 tot 3 eetlepels van de olijfolie over de drooggedepte aubergines, wrijf goed in en rooster in 15 minuten in de oven goudbruin.

VOOR DE SAUS

✦ ✦ ✦ ✦ ✦ ✦ ✦ ✦ ✦ ✦ ✦ ✦ ✦ ✦ ✦ ✦

2 el olijfolie
1 tl komijnzaad
5 teentjes knoflook, in heel
  dunne plakjes
1 el tomatenpuree
2 blikken tomatenblokjes
  à 400 g
1 tl versgemalen zwarte peper
2 groene Shakira-pepers
  (o.a. online) of groene
  paprika's, zaadlijsten
  verwijderd en fijngesneden

Voeg intussen voor de saus de olijfolie toe aan een grote pan op matig vuur. Voeg het komijnzaad toe en rooster 1 minuut. Voeg de knoflook en tomatenpuree toe en bak een paar minuten. Voeg de tomatenblokjes en zwarte peper toe en laat 5 minuten zachtjes pruttelen.

Haal de aubergines uit de oven en leg in een ovenschaal van 30 x 20 cm. Schenk de tomatensaus erover, verdeel de fijngesneden pepers of paprika's erover en besprenkel met wat olijfolie. Bak nog 30 minuten in de oven; de pepers of paprika's hoeven niet helemaal gaar te worden, dus het is niet erg als ze niet zacht zijn.

VOOR ERBIJ

✦ ✦ ✦ ✦ ✦ ✦ ✦ ✦ ✦ ✦ ✦ ✦ ✦ ✦ ✦ ✦

een kleine handvol
  peterselieblaadjes, fijngehakt
bulgur (zie pag. 49)
tafelzuur
een bord vol groen (zie pag. 45)

Garneer met de gehakte peterselie en serveer met bulgur en tafelzuur. Hier hoort absoluut een bord vol groen bij

RIJST IN FILODEEG

VOOR DE BEREIDING

✥ ✥ ✥ ✥ ✥ ✥ ✥ ✥ ✥ ✥ ✥ ✥ ✥ ✥ ✥ ✥ ✥

450 g lamsbout zonder bot,
   in blokjes
1 l water
2 laurierblaadjes
3 kardemompeulen
2 kruidnagels
200 g langkorrelige rijst
2 el olijfolie
1 tl komijnzaad
een snufje zout
½ tl kardemompoeder
½ tl gemberpoeder
1 tl baharat (zie pag. 32)
200 g doperwten (diepvries)
40 g pijnboompitten, geroosterd
40 g cashewnoten, geroosterd en
   grofgehakt
½ tl versgemalen zwarte peper
1 rol koelvers filodeeg à 270 g
   (o.a. Midden-Oosterse
   supermarkt)
4 el gesmolten ghee

Voeg de lamsbout toe aan een grote pan, bedek met koud water (ongeveer 1 liter) en breng op hoog vuur aan de kook. Zodra het begint te koken, zie je een schuimlaag op het oppervlak ontstaan; verwijder het met een schuimspaan. Voeg de laurierblaadjes, kardemompeulen en kruidnagels toe, zet het vuur laag en laat met een deksel op de pan 45 tot 60 minuten zachtjes koken, tot het vlees zacht is. Giet het lamsvlees af en vang het kookvocht daarbij op.

Was intussen de rijst tot het water helder is, laat 30 minuten in een kom koud water weken en giet af.

Verhit de olijfolie in een pan op middelhoog vuur en rooster het komijnzaad 1 minuut. Voeg de uitgelekte rijst, het zout, kardemompoeder, gemberpoeder en de *baharat* toe aan de pan en bedek de rijst met een deel opgevangen lamskookvocht en een deel water, tot het vocht ongeveer 1 cm boven de rijst staat. Breng met een deksel op de pan op hoog vuur aan de kook, zet het vuur heel laag en laat 15 minuten zachtjes koken. Haal van het vuur en laat 5 minuten staan. Roer de rijst los met een vork en schep op een platte schaal, zodat de rijst gelijkmatig kan afkoelen.

Meng als alles is afgekoeld het lamsvlees met de rijst, doperwten, pijnboompitten, cashewnoten en zwarte peper. Zet apart.

Rol het filodeeg uit en bedek met een theedoek, zodat het deeg niet uitdroogt.

Verwarm de oven voor tot 200 °C. Vet een bakplaat in met wat van de gesmolten ghee.

Neem een vel filodeeg, vouw dubbel en nog een keer dubbel, zodat je 4 laagjes krijgt. Bekleed hiermee een ramequin en laat wat deeg over de rand hangen zodat je dit later over de vulling kunt vouwen. Schep het lam-rijstmengsel op het deeg en vouw het overhangende deeg eroverheen om er een dicht pakketje van te maken.

Leg een hand op het deegpakketje en de ramequin en keer om op de ingevette bakplaat. Bestrijk royaal met ghee en herhaal met de rest van de rijst en het filodeeg.

Bak 30 tot 35 minuten in de oven, tot het filodeeg aan alle kanten goudbruin is.

VOOR ERBIJ

✥ ✥ ✥ ✥ ✥ ✥ ✥ ✥ ✥ ✥ ✥ ✥ ✥ ✥ ✥ ✥

laban bikhiar (zie pag. 97)
groene salade

Haal uit de oven en serveer met *laban bikhiar* of een groene salade.

FWL MUDAMIS

Tuinbonen

VOOR DE GROENE PASTA

✧ ✧ ✧ ✧ ✧ ✧ ✧ ✧ ✧ ✧ ✧ ✧ ✧ ✧ ✧ ✧ ✧ ✧ ✧

3 teentjes knoflook
1 groene chilipeper
een bosje peterselie, alleen de
   steeltjes (bewaar de blaadjes
   voor de bereiding)
sap van 2 citroenen
1 tl komijnpoeder
½ tl zout
2 el olijfolie

Voeg alle ingrediënten voor de groene pasta toe aan een
keukenmachine en hak tot een grove pasta.

VOOR DE BEREIDING

✧ ✧ ✧ ✧ ✧ ✧ ✧ ✧ ✧ ✧ ✧ ✧ ✧ ✧ ✧ ✧ ✧ ✧ ✧

200 g gedroogde tuinbonen
   (je kunt ook tuinbonen uit
   blik of kikkererwten uit blik
   gebruiken)
1,5 l water
½ tl zuiveringszout
een klein bosje peterselie, alleen
   de blaadjes
een klein bosje munt, alleen de
   blaadjes
1 vleestomaat of 3 trostomaten,
   in blokjes van 1 cm
½ rode ui, fijngesnipperd
2 el extra vergine olijfolie
zout en versgemalen zwarte
   peper

Laat de gedroogde bonen een nacht in ruim water weken. Giet af en
voeg met het water toe aan een grote pan. Voeg het zuiveringszout
toe, breng aan de kook en laat 90 minuten zachtjes koken, tot de
bonen zacht zijn.

Giet de bonen af (als je bonen uit blik gebruikt, verwarm ze
dan eerst), voeg toe aan een kom en roer de groene saus met de
peterselie- en muntblaadjes, tomaat, ui en extra vergine olijfolie
erdoor. Breng op smaak met zout en peper.

VOOR ERBIJ

✧ ✧ ✧ ✧ ✧ ✧ ✧ ✧ ✧ ✧ ✧ ✧ ✧ ✧ ✧ ✧ ✧ ✧ ✧

hummus (zie pag. 68)
platbrood (zie pag. 82)
chilipepers
laban bikhiar (zie pag. 97)

Ik serveer hier het liefst hummus, platbrood en chilipepers bij,
maar het is ook lekker met *laban bikhiar*.

BARGHIL BIALKUSA

Bulgur met courgette

VOOR DE BEREIDING

❖ ❖ ❖ ❖ ❖ ❖ ❖ ❖ ❖ ❖ ❖ ❖ ❖ ❖ ❖ ❖ ❖ ❖ ❖

100 ml extra vergine olijfolie
1 tl komijnzaad
2 rode uien, fijngesnipperd
½ tl komijnpoeder
1 tl baharat (zie pag. 32)
een snufje zout
½ tl versgemalen zwarte peper
4 courgettes, in blokjes van 2 cm
een klein bosje dille, blaadjes
    fijngehakt
een klein bosje koriander,
    blaadjes fijngehakt
5 teentjes knoflook,
    fijngewreven tot een pasta
300 g grove bulgur

Verhit de helft van de olijfolie in een pan op matig vuur, voeg het komijnzaad toe en rooster 1 minuut. Voeg de ui, het komijnpoeder, de *baharat*, het zout en de peper toe en roer door de olie. Bak 5 tot 6 minuten, tot de ui zacht is.

Voeg de courgette toe, roer door en bak 5 tot 6 minuten, tot de courgette wat zachter is.

Roer de dille, koriander en knoflook erdoor. Voeg de bulgur en de rest van de olie toe. Schenk er voldoende water bij om de bulgur en courgette te bedekken (tot het water 1 cm erboven staat), breng aan de kook, zet het vuur helemaal laag en laat 5 tot 6 minuten garen. Haal van het vuur en laat met een deksel op de pan 2 minuten staan. Haal het deksel van de pan; de bulgur zal perfect gaar zijn. Roer nog even los met een vork.

VOOR ERBIJ

❖ ❖ ❖ ❖ ❖ ❖ ❖ ❖ ❖ ❖ ❖ ❖ ❖ ❖ ❖

laban bikhiar (zie pag. 97)
groene salade

Serveer met *laban bikhiar* en een groene salade.

5

DESSERTS

5

DESSERTS

BAKLAVA

Dit recept werkt niet met gewoon filodeeg uit de supermarkt, want dat is te dik. Ga op zoek naar dun filodeeg dat geschikt is voor baklava; dit is verkrijgbaar bij Midden-Oosterse supermarkten.

De truc voor een goede baklava is om snel en voorzichtig te zijn. Zorg dat alles klaarstaat voor je begint, inclusief een schone theedoek om te voorkomen dat het filodeeg uitdroogt. Deze versie bevat pistachenoten en walnoten, maar je kunt alle noten gebruiken die je lekker vindt. Ik gebruik graag een combinatie.

VOOR DE BEREIDING

✧ ✧ ✧ ✧ ✧ ✧ ✧ ✧ ✧ ✧ ✧ ✧ ✧ ✧ ✧ ✧ ✧ ✧

150 g gepelde pistachenoten
150 g walnoten
1 tl suiker
1 tl oranjebloesemwater
 (o.a. Midden-Oosterse
 supermarkt)
1 tl water
100 g ghee
470-500 g Turks, extra dun
 filodeeg (o.a. Midden-Oosterse
 supermarkt)

Verwarm de oven voor tot 170 °C. Verdeel de pistachenoten en walnoten in een enkele laag over een grote bakplaat en rooster 5 minuten in de oven. Haal uit de oven en laat afkoelen. Voeg de suiker, het oranjebloesemwater en water toe en maal de noten in een vijzel of keukenmachine grof. Wees voorzichtig als je een keukenmachine gebruikt, want het notenmengsel mag niet te fijn worden. Door het water en de suiker worden de noten lekker kleverig.

Smelt de ghee in een pan op laag vuur en zet apart. Vet een bakvorm van 35 x 25 cm in met wat ghee.

Rol het filodeeg uit op het werkvlak, zet de bakvorm erop en snijd rondom uit, zodat het filodeeg precies even groot is. Haal de randjes weg (gebruik voor een ander recept) en leg het uitgesneden filodeeg onder een schone theedoek, zodat het niet uitdroogt. Je hebt 24 laagjes filodeeg nodig, snijd de rest op dezelfde manier op maat.

Leg de helft van het filodeeg in de ingevette bakvorm en strooi het notenmengsel erover. Spreid gelijkmatig uit over het deeg en druk een beetje aan. Leg de rest van het filodeeg erop en duw de randjes van het deeg met behulp van de achterkant van een lepel langs de rand van de bakvorm naar beneden. Snijd de baklava nu snel, zodat het deeg niet uitdroogt, in ruiten. Ik maak er 40, omdat ik kleine stukjes lekker vind, maar je kunt elke grootte kiezen die je wilt.

Laat de ghee opnieuw smelten als hij is afgekoeld. Schenk over het deeg en bak de baklava in 35 tot 40 minuten in de oven goudbruin.

VERVOLG OP PAGINA 206

VOOR DE SIROOP

❖ ❖ ❖ ❖ ❖ ❖ ❖ ❖ ❖ ❖ ❖ ❖ ❖ ❖ ❖ ❖

500 g fijne kristalsuiker
400 ml water
1 schijfje onbespoten citroen
3 groene kardemompeulen
1 kaneelstokje
1 tl oranjebloesemwater
  (o.a. Midden-Oosterse
  supermarkt)

Maak de siroop terwijl de baklava in de oven staat. Voeg de fijne kristalsuiker en het water toe aan een pan met dikke bodem op matig vuur en roer goed tot de suiker is opgelost. Voeg het schijfje citroen, de kardemompeulen en het kaneelstokje toe en breng aan de kook. Zet het vuur laag, laat 5 minuten zachtjes koken, haal van het vuur en roer het oranjebloesemwater erdoor. Haal de kardemompeulen en het kaneelstokje eruit.

Haal de baklava uit de oven en schenk overtollige ghee uit de bakvorm. Ik doe dit door een schone bakplaat op de gebakken baklava te zetten en de bakvorm voorzichtig te kantelen, zodat de ghee uit de onderste hoek in een kom loopt (je kunt deze ghee gebruiken voor je volgende baklava).

Schenk nu de hete siroop met een soeplepel over de baklava; je hebt mogelijk niet alles nodig. Het is belangrijk dat de siroop heet is; het moet een beetje sissen als je hem over het deeg schenkt. Ga door tot de siroop tot halverwege de baklava komt. Laat 1 minuut staan en schenk dan de overtollige siroop eruit, op dezelfde manier als met de ghee.

Serveer warm of laat afkoelen en dek af met aluminiumfolie.

OPGEROLDE BAKLAVA

Dit is een variatie op de traditionele baklava.

Afgebeeld op pagina 208-209.

VOOR DE BEREIDING

✦ ✦ ✦ ✦ ✦ ✦ ✦ ✦ ✦ ✦ ✦ ✦ ✦ ✦ ✦ ✦ ✦

150 g gepelde pistachenoten
150 g walnoten
1 tl suiker
1 tl oranjebloesemwater
 (o.a. Midden-Oosterse
 supermarkt)
1 tl water
150 g ghee, gesmolten
270 g Turks, extra dun filodeeg
 (o.a. Midden-Oosterse
 supermarkt)
1 portie siroop (zie pag. 206)

Verwarm de oven voor tot 170 °C.

Volg de stappen van het baklavarecept op pagina 205 om de noten te roosteren en met de suiker, het oranjebloesemwater en het water te malen. Vet de bakvorm in met gesmolten ghee.

Leg 2 vellen filodeeg op elkaar in de lengte voor je neer. Verdeel een volle eetlepel notenmengsel over het filodeeg. Leg dan een lange spies verticaal in het midden van het deegvel. Vouw het deeg dubbel en rol met behulp van de spies op. Til het rolletje in de bakvorm en haal de spies eruit. Stop de uiteinden in de bakvorm.

Herhaal met de rest van het filodeeg en het notenmengsel, tot de bakvorm gevuld is.

Snijd elk rolletje nu snel, zodat het deeg niet uitdroogt, in 6 tot 8 stukken. Ik vind kleine stukjes lekker, maar je kunt elke grootte kiezen die je wilt.

Schenk de gesmolten ghee erover en bak in 35 tot 40 minuten in de oven goudbruin.

Maak intussen de suikersiroop zoals aangegeven op de pagina hiernaast.

Haal de baklava uit de oven en schenk de overtollige ghee uit de bakvorm (zie hiernaast). Schenk de hete suikersiroop erover (zie hiernaast).

Serveer warm of laat afkoelen en dek af met aluminiumfolie.

ENGELEN

MIJN HELE LEVEN lang word ik al omringd door engelen. Ondanks alles wat ik heb meegemaakt en heb gezien, weet ik dat ik een geluksvogel ben. Ik heb altijd het gevoel gehad dat er iemand was om me te helpen als ik dat het meest nodig had. En daarom probeer ik ook altijd klaar te staan voor de mensen om me heen.

Ik heb op mijn reis vanuit Syrië ontzettend geworsteld. Het is het moeilijkste wat ik ooit in mijn leven heb gedaan. Na de boottocht vanuit Turkije naar de Griekse kust was ik kapot. We hadden het koud, we waren doodop en bang voor wat er komen ging. We droegen onze oranje reddingsvesten en hielden onze weinige bezittingen stevig vast, de enige dingen die we nog hadden die iets vertelden over wie we echt waren. Maar toen keken we op en zagen een oudere vrouw vanaf een kleine klif boven het strand naar ons zwaaien en schreeuwen: 'Jullie zijn nu veilig, wees niet bang!' En op dat moment was ik zo opgelucht. Haar gezicht stond blij. Blijer dan ik me op dat moment voelde, ook al was ik eindelijk in Europa. Ze wilde dolgraag iedereen helpen, ons bereiken, ons laten weten dat het nu allemaal goed zou komen. We maakten foto's van ons samen, maar ik was zo overweldigd dat ik niet in staat was om haar fatsoenlijk te bedanken. En zo snel als ze was gekomen, was ze ook weer verdwenen. Het kostte een paar uur om erachter te komen wat er hierna ging gebeuren. In de tussentijd tolkte ik tussen een artsenvrijwilliger en een zwangere vrouw die op onze boot had gezeten. Ik vroeg hem naar de vrouw die naar ons had staan zwaaien. Hij zei dat ze Noorse was, dat ze haar vakantie had besteed aan het helpen van vluchtelingen die in Griekenland arriveerden. Ze was nu op weg naar de luchthaven, terug naar Noorwegen, maar ze had onze boot zien aankomen en wilde ons eerst begroeten. Ik vind het enorm frustrerend dat ik niet weet hoe ze heet. Ik wil haar bedanken omdat we ons door haar welkom voelden, omdat ze ons het gevoel gaf weer mens te zijn.

❖

IN DE TREIN vanuit Stuttgart had ik geen idee wat ik eenmaal in Parijs zou gaan doen. Ik spreek geen Frans en was er nog nooit geweest, dus ik had geen idee wat ik kon verwachten of waar ik naartoe moest. Ik liep door de trein en probeerde een plan te bedenken, toen ik een man zag die de Koran in het Arabisch zat te lezen. Ik stapte op hem af en legde mijn situatie uit: dat ik illegaal reisde, dat ik niet wist waar ik in Parijs naartoe moest en dat ik ontzettend moe was. Dat ik een matras en een douche nodig had en dat ik ervoor kon betalen. Ik vroeg of hij wist waar ik veilig zou zijn.

Hij vroeg me wat voor hotel ik nodig had. 'Het goedkoopste!' antwoordde ik. Ik vond alles best. Hij zei dat hij iemand kende die in een hotel in de buurt van Gare du Nord werkte, en dat hij met me mee zou gaan om het hotel te vinden, zodat hij zeker zou weten dat ik in orde was. Het was een station verder dan waar hij eruit moest, maar hij ging toch met me mee. Toen we bij de receptie stonden, begon hij met zijn vriend in het Frans te praten. Ze stuurden me naar boven om te kijken of mijn kamer me beviel. Zo ja, dan mocht ik blijven en zou ik veilig zijn. Ik had alleen maar een paspoort nodig. Ik zei dat ik niet naar boven hoefde om te kijken, dat de kamer vast perfect zou zijn, maar ze stonden erop en ik ging naar boven om mijn tas neer te zetten. Ik bleef niet langer dan vijf minuten weg, maar toen ik terugkwam, zei de receptionist dat de man van de trein voor twee nachten had betaald, evenals voor mijn avondmaaltijd die avond. Hij was al weg, dus ik kon hem niet bedanken. Ik kwam erachter dat hij Achmed heette en dat hij Algerijns-Frans was, maar de hotelier had geen contactgegevens van hem.

Zie je hoezeer ik bof? Ik vroeg alleen om een adres van een hotel, maar in plaats daarvan stond hij erop om helemaal mee te gaan naar het hotel om ervoor te zorgen dat ik veilig was. Ik zal Achmed altijd dankbaar zijn dat hij een vreemdeling in nood hielp.

✣

TOEN IK IN CALAIS ARRIVEERDE, wist ik meteen dat ik niet in De Jungle kon blijven. De lokale gendarme probeerde iedereen in het kamp te houden om iedereen onder controle te houden, maar het voelde wetteloos. Ik ben niet eens naar binnen gegaan. Toen ik in de stad arriveerde, was het al laat op de avond. Ik kende niemand. Ik was een vluchteling met een Syrisch paspoort en ik was te bang om naar een hotel te gaan. Onderweg hoorde je steeds verhalen over mensen die door de politie werden geslagen en dat had me bang gemaakt. Ik had het koud, was alleen en wist niet wat ik moest doen. En toen zag ik een paar Soedanezen langslopen en ik vroeg hun of zij een plek wisten waar ik kon overnachten. Ze vroegen of ik een Syriër was en verwezen me toen naar een kerk waar een aantal andere Syriërs sliepen. De kerk stond aan een plein, maar toen ik daar aankwam, zag ik geen Syriërs, alleen een hoogblonde vrouw die op een paar matrassen zat. Ik stelde mezelf voor en begon mijn situatie uit te leggen. Tien minuten lang stelde ze vragen om mijn verhaal te controleren. Toen vertelde ze dat ze de matrassen bewaakte terwijl de Syrische mannen die daar kampeerden Het Kanaal probeerden over te steken. Als ze zouden terugkomen omdat hun poging was mislukt, zouden zij me kunnen uitleggen hoe het allemaal werkte. In de tussentijd mocht ik blijven, en als ze terugkwamen moest ik tegen hen zeggen dat het van Frederique mocht. Ze liet me achter op de trappen van de kerk, maar 15 minuten later kwam ze terug met een jas, een deken, een kussen, een paar pijnstillers en wat spierontspannende crème, omdat ik enorme rugpijn had. En ook een beker warme thee en een maaltijd. Je kunt je niet voorstellen hoe ik me voelde!

Frederique ging elke ochtend joggen en kwam dan langs de kerk. En elke ochtend – ze heeft geen dag overgeslagen in de 64 dagen dat ik daar was – zette ze een verse pot thee voor ons neer met een handgeschreven briefje op een servet: 'Fijne ochtend' met een smiley of 'Fijne dag!'. Altijd met een smiley. Ze vergat de thee en het briefje nooit. We hebben nog steeds contact. Sterker nog, we zijn goed bevriend. Ze heeft bij mij thuis gelogeerd en we zijn bij haar op bezoek geweest. Ze was bij de opening van het restaurant.

✧

ER WAREN OOK TWEE FRANSE VROUWEN die na een vakantie in het Verenigd Koninkrijk op de terugweg naar Parijs door Calais reden. Ze wilden meer weten over de situatie en vonden ons bij onze kerk. We waren aan het koken. Ze vroegen of ze met ons konden praten. 'Natuurlijk! Maar eerst eten!' 'Mag ik eerst met je op de foto?' 'Ja!' Ze waren heel vriendelijk en probeerden oprecht de situatie in Syrië en de situatie in Calais te begrijpen, en wat het betekende om hier te verblijven. We hadden *mujadara* gemaakt en ze vonden het heerlijk; de specerijen, de smaken. We wisselden telefoonnummers uit en toen vertrokken ze. Toen de gendarme ons van de kerktrappen joeg, belde een van de vrouwen om te vragen of we in orde waren, wat we gingen doen. Volgens de Franse media werd iedereen naar De Jungle gebracht. Ik vertelde haar dat ik me niet meer veilig voelde in Calais en dat we naar Parijs zouden gaan, terug naar het hotel waar ik eerder had gelogeerd. 'Nee,' zei ze. Ze zou me komen ophalen van het station en we konden bij haar logeren. Ze had een kamer in haar appartement vrijgemaakt, waar twee vrienden en ik dertien dagen verbleven. Vanuit haar appartement vertrok ik om de *Eurostar* naar Londen te nemen.

✧

TOEN MIJN GEZIN naar me toe kon komen in het Verenigd Koninkrijk, toen de gezinsherenigingsaanvraag was goedgekeurd, kon ik amper mezelf onderhouden, laat staan hen. Ik had ze Syrië uit gekregen en ze waren in Libanon. De liefdadigheidsorganisatie *Choose Love* hielp met hun vliegtickets van Beiroet naar het Verenigd Koninkrijk. Dat was het begin van een lange relatie met deze organisatie en de oprichter Josie, met wie ik vandaag de dag veel samenwerk. Mijn gezin en ik verhuisden naar de stad High Wycombe, en dankzij de lokale gemeenschap ontmoette ik Toni (die me liet kennismaken met *Cook for Syria*, zie pagina 10) en haar vriendin Stephanie, allebei echte engelen. Toni en Stephanie hielpen me met het vinden van een huurhuis voor mijn gezin en legden me het systeem uit, zodat ik mijn kinderen op een school kon inschrijven. Het huis was een beetje deprimerend en vies en er moest het nodige aan gebeuren. Maar het was groot genoeg en eerlijk gezegd was het perfect; het was onze eerste gezinswoning waar we veilig zouden zijn. Nadat ik de eerste maand huur had betaald, zei Stephanie dat we de volgende dag om 12.00 uur moesten terugkomen. Toen we aankwamen, was het bijna een heel ander huis. Ze hadden meubels voor de kamers gevonden, ze hadden de bedden van de meiden opgemaakt, ze hadden schoongemaakt – dankzij hen voelde het als een thuis. Ik weet nog dat ik het huis binnenliep en zag hoe Stephanie op de grond lag om onder de koelkast te vegen! Ze was ook de jongste niet meer! Ik kan niet omschrijven hoe welkom we ons daardoor voelden, hoe blij we waren, hoe gesteund we ons voelden aan het begin van ons nieuwe leven. We hebben nog steeds een hechte band met Toni en Stephanie, ook al wonen we nu in Ickenham. Mijn kinderen zien Stephanie als hun oma. Ze hebben een heel speciale, mooie band en dat is fantastisch om te zien.

✧

ER ZIJN HEEL VEEL MENSEN geweest zoals de vrouw uit Noorwegen, zoals Achmed, zoals Frederique, zoals Toni en Stephanie; honderden engelen tijdens mijn reis. In Calais gaf iemand ons op de trappen van de kerk een grote gemakkelijke stoel waar we op konden zitten. Een Britse Pakistaan gaf ons een kookstel, een pan en een mes; hij is nu een heel goede vriend van me. Deze kleine dingen lijken misschien niet veel, maar ze hebben ons leven veranderd. Een Libanees-Britse man, inmiddels ook een geweldige vriend, stopte en vroeg me: 'Ben je een Syriër? Ik ben volgende week terug in Calais. Ik hoop dat je tegen die tijd de oversteek hebt gemaakt, maar vertel me wat je het meest mist en ik kan het vanuit het Verenigd Koninkrijk meenemen.' 'Syrische koffie! Ik mis Syrische koffie en Syrisch brood!' De volgende dag was hij al terug met een grote bestelwagen vol blikken met kikkererwten en tuinbonen, koffie, brood, groenten, noten, chocoladerepen en chips. Een van de buren in de buurt van de kerk liet elke dag 12 stopcontacten naast zijn deur hangen, zodat we onze mobiele telefoons konden opladen en geen 5 euro hoefden te betalen om in een lokaal café te zitten. Om 13.00 uur hing een van ons alle mobiele telefoons aan de lader en om 18.00 uur konden we ze weer ophalen. Elke dag. Andere buren kwamen naar ons toe en vertaalden de krant voor ons als er iets in stond over de vluchtelingen in Calais.

De meeste engelen in mijn leven waren weliswaar vreemden die aardig waren voor anderen zonder hun situatie te kennen, maar ik bof ook enorm dat ik engelen in mijn familie heb. Toen we in Syrië steeds moesten verkassen voor onze veiligheid, nam mijn broer Mohammad ons in huis en hielp ons financieel toen mijn horecazaken werden verwoest. Mijn zus Rania en mijn zwager Thabet verlieten Syrië eerder dan wij en we mochten in hun huis in Damascus. En toen ik naar het Verenigd Koninkrijk kwam, zetten ze hun deur in Doncaster weer voor me open. Thabet is iemand op wie je kunt rekenen. Hij is bijna een mythische persoonlijkheid, die goede daden verricht en altijd op zoek is naar manieren om mensen te helpen. Ik kan al deze mensen niet vaak genoeg bedanken dat ze er voor ons waren toen we ze nodig hadden.

Ik heb het aan zoveel mensen te danken dat ik zo ver ben gekomen, zoveel engelen die ik heb ontmoet, die verschenen toen ik op de bodem van de put zat. Ondanks de verschrikkingen die ik in de wereld heb gezien, waar we elke dag in het nieuws over horen, weet ik dat er ook veel goedheid is. Ik geloof dat wanneer je liefde in je hart hebt, je het ook zult vinden in de gezichten van andere mensen. Voel liefde in je hart en je zult het terugzien in de mensen om je heen.

ZOETE DADEL-TAHINDIP

VOOR 2 TOT 4 PERSONEN

Deze dip is ontzettend lekker en fantastisch op brood bij het ontbijt of als avondsnack!
Je kunt zoveel maken als je wilt en de dip in een pot bewaren.

VOOR DE BEREIDING

✧ ✧ ✧ ✧ ✧ ✧ ✧ ✧ ✧ ✧ ✧ ✧ ✧ ✧ ✧ ✧ ✧

2 el dadelstroop
2 el tahin
50 g geroosterd sesamzaad

Meng de ingrediënten in een kleine kom en serveer met platbrood
of geroosterd brood.

MAHALAYA

Mastiek is een boomhars die zich als gelatine gedraagt, maar dan met een smaakje.
Het is online en bij Midden-Oosterse supermarkten verkrijgbaar en ik raad je absoluut
aan om het in huis te halen.

VOOR DE BEREIDING

❖ ❖ ❖ ❖ ❖ ❖ ❖ ❖ ❖ ❖ ❖ ❖ ❖ ❖ ❖ ❖ ❖ ❖ ❖

1 l volle melk
65 g maïszetmeel
100 g fijne kristalsuiker
2 laurierblaadjes
2 korreltjes mastiek
   (o.a. Midden-Oosterse
   supermarkt)
150 ml double cream of slagroom
100 g gecondenseerde melk
2 tl oranjebloesemwater
   (o.a. Midden-Oosterse
   supermarkt)

Schenk de melk in een kom, voeg het maïszetmeel en 90 gram van
de fijne kristalsuiker toe en klop goed, tot de suiker is opgelost.

Schenk het melkmengsel in een grote pan op middelhoog vuur en
voeg de laurierblaadjes toe. Breng aan de kook, zet het vuur laag en
laat een paar minuten zachtjes koken, tot het melkmengsel iets is
ingedikt.

Wrijf de mastiek met de resterende 10 gram suiker in een vijzel heel
fijn (zoals tafelzout).

Voeg het mastiekpoeder geleidelijk en al kloppend toe aan de melk
op het vuur (het is heel belangrijk dat de melk nog steeds heet
is). Klop dan de slagroom erdoor, gevolgd door de gecondenseerde
melk en het oranjebloesemwater. Haal van het vuur en schenk in
ramequins of glazen.

Laat 1 uur afkoelen en laat 6 uur, maar liever een hele nacht, in de
koelkast opstijven.

VOOR ERBIJ

❖ ❖ ❖ ❖ ❖ ❖ ❖ ❖ ❖ ❖ ❖ ❖ ❖ ❖ ❖ ❖ ❖ ❖ ❖

150 ml double cream of
   slagroom, licht opgeklopt
gekonfijte kersen
gepelde pistachenoten,
   grofgehakt
verse muntblaadjes
aardbeien of ander rood fruit in
   het seizoen
geraspte kokos

Garneer met de opgeklopte slagroom, gekonfijte kersen,
pistachenoten, verse munt, het fruit, de kokos of een combinatie
daarvan en serveer.

TAMRIAH

Dadels met koekjes

Het is heel belangrijk dat je de dadels proeft. Soms komen de dadels uit Jordanië en die zijn minder zoet dan die uit Irak of Saudi-Arabië.

VOOR DE BEREIDING

❖ ❖ ❖ ❖ ❖ ❖ ❖ ❖ ❖ ❖ ❖ ❖ ❖ ❖ ❖ ❖ ❖ ❖

100 g amandelen, cashewnoten en pistachenoten (een combinatie hiervan of één soort, naar voorkeur)

50 g walnoten

2 el ghee

650 g medjouldadels, ontpit en grofgehakt

½ tl kardemompoeder

½ tl kaneelpoeder

2 tl oranjebloesemwater (o.a. Midden-Oosterse supermarkt)

150 g mariabiscuits of vergelijkbare koekjes

Verwarm de oven voor tot 180 °C.

Rooster de noten op een grote bakplaat in de oven in 5 minuten goudbruin, laat afkoelen en hak grof.

Smelt de ghee in een middelgrote pan op laag vuur. Voeg de gehakte dadels toe en roer een paar minuten, tot de dadels zachter zijn geworden. Voeg het kardemompoeder, kaneelpoeder en het oranjebloesemwater toe en roer tot een pasta; ik trek een plastic handschoen aan en kneed het met mijn hand, maar je kunt hiervoor ook een pureestamper of iets dergelijks gebruiken.

Verkruimel de koekjes met je handen in een kom; zorg dat er wat grotere stukjes tussen zitten voor de consistentie. Voeg met de dadelpasta toe aan de pan.

Bekleed een vierkante bakvorm van 20 cm met bakpapier, schep het grove dadelmengsel erin en spreid uit tot een laag van 1 cm dik. Strooi de noten er gelijkmatig over en druk ze in de dadelpasta. Zet 1 uur in de koelkast en snijd dan in stukken.

Ze zijn in een afgesloten bakje buiten direct zonlicht een week houdbaar.

VOGELNESTJES

VOOR DE NESTJES

✢ ✢ ✢ ✢ ✢ ✢ ✢ ✢ ✢ ✢ ✢ ✢ ✢ ✢ ✢ ✢

40 g pistachenoten
300 g kataifideeg (o.a. Midden-
  Oosterse supermarkt)

Laat de pistachenoten 30 minuten in water weken en giet af.

Dek het kataifideeg af met een vochtige theedoek zodat het niet uitdroogt. Neem een streng deeg van 30 cm lang en wikkel in een ronddraaiende beweging rond twee vingers tot een nestje. Leg op een bakplaat en herhaal met de rest van het deeg.

Druk voorzichtig 4 of 5 pistachenoten in het midden van elk nestje. Dek de nestjes af met een vel bakpapier, zet er een andere bakplaat bovenop en plaats iets zwaars van 1 kilo erop. Laat 1 uur op kamertemperatuur staan, haal het gewicht, de bakplaat en het bakpapier eraf en laat 1 uur drogen.

VOOR DE SIROOP

✢ ✢ ✢ ✢ ✢ ✢ ✢ ✢ ✢ ✢ ✢ ✢ ✢ ✢

400 g suiker
500 ml water
2 el citroensap

Los de suiker op in het water in een pan op matig vuur, breng aan de kook en laat 15 tot 20 minuten inkoken tot een siroop. Roer het citroensap erdoor en laat nog 1 minuut koken. Haal van het vuur en zet apart.

VOOR HET SAMENSTELLEN

✢ ✢ ✢ ✢ ✢ ✢ ✢ ✢ ✢ ✢ ✢ ✢ ✢ ✢

375 g boter, gesmolten

Verwarm de oven voor tot 220 °C.

Schenk de gesmolten boter over en rond de nestjes op de bakplaat, zodat ze in een laagje gesmolten boter staan. Bak in 20 tot 25 minuten in de oven goudbruin; draai de bakplaat af en toe, zodat de nestjes gelijkmatig bruin worden. Laat 10 minuten afkoelen, zet op een schone bakplaat en schenk de siroop erover. Laat volledig afkoelen in de siroop en serveer.

BESBUSI

VOOR DE CAKE

✦ ✦ ✦ ✦ ✦ ✦ ✦ ✦ ✦ ✦ ✦ ✦ ✦ ✦ ✦ ✦ ✦

300 g griesmeel
150 g geraspte kokos
½ tl kardemompoeder
50 g melkpoeder
1½ tl bakpoeder
een snufje zout
3 eieren
150 g suiker
1½ tl vanillepasta
200 g plantaardige olie
300 g yoghurt
geraspte schil van 1 onbespoten
   citroen
2 el tahin
een handvol blanke amandelen

Verwarm de oven voor tot 180 °C.

Meng het griesmeel met de geraspte kokos, het kardemompoeder, melkpoeder, bakpoeder en zout in een mengkom.

Klop in een andere kom de eieren met de suiker, vanillepasta, plantaardige olie, yoghurt en geraspte citroenschil glad, voeg toe aan de droge ingrediënten en mix tot een glad beslag.

Vet een bakvorm van 30 x 40 cm in met 1 eetlepel van de tahin en schenk het beslag erin. Strijk met de achterkant van een lepel glad en tik met de bakvorm op het aanrecht zodat eventuele luchtbelletjes verdwijnen. Strooi de amandelen erover of leg ze er netjes op en bak de cake 30 minuten in de oven.

VOOR DE SUIKERSIROOP

✦ ✦ ✦ ✦ ✦ ✦ ✦ ✦ ✦ ✦ ✦ ✦ ✦ ✦ ✦ ✦

100 g water
100 g suiker
1 schijfje onbespoten citroen
1½ el ghee

Voeg, terwijl de cake in de oven staat, het water en de suiker toe aan een kleine pan en breng langzaam aan de kook. Zet dan het vuur laag, laat 3 minuten zachtjes koken en voeg het schijfje citroen toe.

Laat de ghee in de suikersiroop smelten en houd op heel laag vuur warm tot de cake klaar is.

VOOR DE AFWERKING

✦ ✦ ✦ ✦ ✦ ✦ ✦ ✦ ✦ ✦ ✦ ✦ ✦ ✦ ✦ ✦

Haal de cake uit de oven en schenk meteen twee derde van de warme siroop erover. Zet de rest van de siroop apart.

Snijd de cake in 24 vierkantjes en schenk de rest van de siroop erover.

Laat 30 minuten afkoelen in de bakvorm en serveer warm of op kamertemperatuur. Bewaar 4 tot 5 dagen in een luchtdicht afgesloten bakje op een koele, donkere plaats.

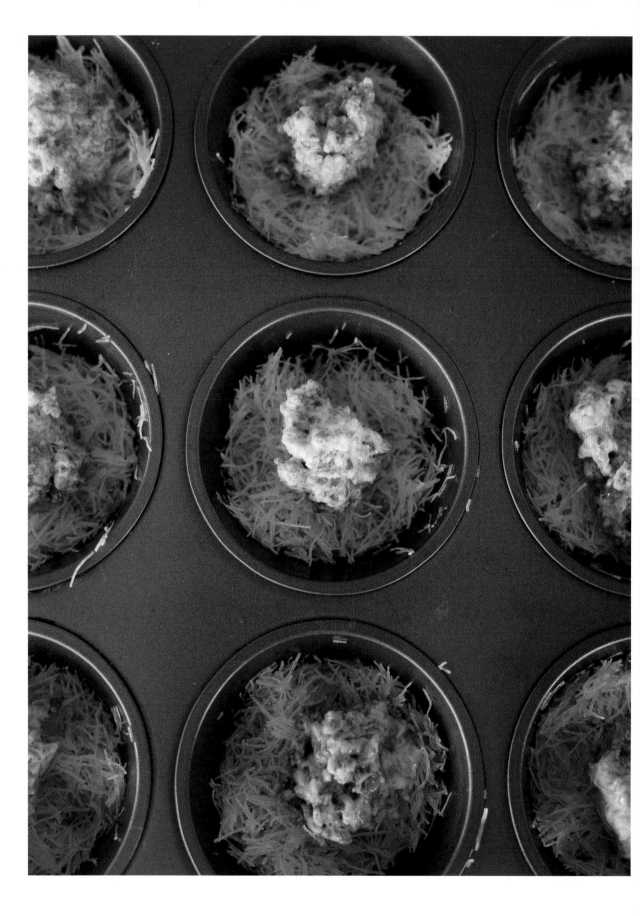

IBIZIAANSE KNAFEH

In 2018 en 2019 stond ik voor de liefdadigheidsorganisatie *Choose Love* in de keuken van het hotel *Pikes* op Ibiza, waar ik dit dessert heb gecreëerd.

VOOR DE VULLING

❖ ❖ ❖ ❖ ❖ ❖ ❖ ❖ ❖ ❖ ❖ ❖ ❖ ❖ ❖

ghee, om in te vetten
100 g notenmelange (gebruik
    wat je in huis hebt – ik vind
    cashewnoten, walnoten en
    pistachenoten lekker)
1 portie suikersiroop (pag. 222)
    of agavesiroop
½ tl kardemompoeder
3 el double cream of slagroom

Verwarm de oven voor tot 200 °C. Vet een muffinvorm voor 12 muffins in met wat ghee.

Verdeel de noten over een bakplaat, rooster 5 minuten in de oven en laat afkoelen. Hak de noten met 2 eetlepels suikersiroop en het kardemompoeder in een keukenmachine tot grove, kleverige kruimels. Voeg de slagroom toe en maal door elkaar.

VOOR HET DEEG

❖ ❖ ❖ ❖ ❖ ❖ ❖ ❖ ❖ ❖ ❖ ❖ ❖ ❖ ❖

200 g kataifideeg (o.a. Midden-
    Oosterse supermarkt)
100 g ghee
¼ tl kardemompoeder
een flinke snuf saffraandraadjes

Verkruimel het kataifideeg in kleine stukjes in een kom. Smelt de ghee met het kardemompoeder en de saffraan en schenk over het kataifideeg. Meng met je handen goed door elkaar.

Schep in elke muffinholte 1 flinke eetlepel deeg, zodat je de helft van het deeg hebt gebruikt. Druk het deeg met je vingers aan. Schep 1 eetlepel romige notenvulling op het deeg, tot alle vulling op is en gelijkmatig verdeeld is. Verdeel de rest van het deeg erover en druk aan.

Bak 25 minuten in de oven, tot ze goudbruin en krokant worden. Verwarm intussen de rest van de suikersiroop.

Haal de *knafeh* uit de oven en schenk meteen 1 eetlepel hete siroop over elke knafeh .

Plaats een bakplaat van gelijke grootte op de muffinvorm en keer voorzichtig maar snel om, zodat de knafeh uit de vorm komen. Laat iets afkoelen en serveer warm of op kamertemperatuur.

WAAROM SYRIËRS ZICH
IN DE STEEK GELATEN VOELEN

OP DIT MOMENT PROBEERT IEDEREEN DIE IK KEN Syrië te ontvluchten. De situatie daar is wanhopiger dan ooit. Maar soms heb ik het gevoel dat de wereld Syrië is vergeten, dat iedereen is doorgegaan en ons in de steek heeft gelaten. De heerschappij van Assad is nog altijd even wreed, erger dan ooit, maar ze noemen Hafez al-Assad, Bashars vader, nu nog 'de onsterfelijke commandant'. Tien uur per dag wordt er in het nieuws op de Syrische tv gepraat over de glorie van Assad. Het gaat maar door. Er moet toch een keer een einde aan komen, maar ik kan me niet voorstellen wanneer of hoe. Ik hoop dat ik het nog mag meemaken, voor mijn dochters.

Ik denk dat Syrië voor veel mensen, met name in westerse landen, te ver weg voelt, qua ligging en levensstijl. Maar we zijn niet anders dan jij. We werkten, onze kinderen gingen naar school, onze steden waren druk en modern, we genoten van ons sociale leven, we bestierden onze eigen bedrijven, we hadden allemaal dezelfde dromen voor onszelf en onze familie.

Ook al vallen er niet meer zoveel bommen elke avond, er is geen benzine, geen elektriciteit, geen geld om de infrastructuur te laten draaien voor het gewone leven. In Damascus heb je elke dag een paar uur stroom, maar in andere steden en op het platteland misschien een paar keer per week een uurtje, als je geluk hebt. Mensen werken twaalf uur per dag, maar hebben niet genoeg geld voor de basislevensmiddelen. Zonder de hulp van vrienden en familie buiten Syrië kun je niet rondkomen, maar die hulp ontvangen is riskant: het regime beschouwt het als steun aan *IS* of als een manier om Syrië van binnenuit omver te werpen. Het zijn donkere, gevaarlijke tijden: mensen overlijden in de gevangenis of verdwijnen zonder hoop ooit nog gevonden te worden.

Mensen noemen het een burgeroorlog, maar het is onze oorlog niet meer. Het is een complex slagveld waarop andere naties hun ruzies uitvechten, terwijl gewone Syriërs machteloos moeten toekijken. Rusland en Iran hebben aanvallen gedaan om Assad te ondersteunen; *IS* en *Al Qaida* hebben van de chaos gebruikgemaakt en grote gebieden van het land bezet; de Verenigde Staten hebben luchtaanvallen uitgevoerd op de Islamitische Staat; Turkije is Koerdische gebieden in Syrië binnengevallen; Israël bombardeert elke week Hezbollah in Syrië. En er zijn heel veel kleinere, lokale rebellengroeperingen die vechten om een deel van de macht. Het is een puinhoop. Een puinhoop met als gevolg dat honderdduizenden mensen de dood vonden en zes miljoen mensen het land zijn ontvlucht. Toen ik nog in Syrië was, was ik de grootste geluksvogel onder onze buren, want ik raakte alleen mijn horecazaken kwijt, geen familieleden zoals zij.

Daarom ben ik geschokt als mensen niet weten waar Syrië ligt, als ze vragen hoe het nu gaat. Eerlijk gezegd word ik boos als ik de reactie op de situatie in

Oekraïne zie vergeleken met hoe de wereld reageerde op de gebeurtenissen in Syrië. Het voelt alsof er twee typen vluchtelingen zijn, en het verschil heeft te maken met de kleur van onze huid. Ik heb het gevoel dat Syriërs – en Iraniërs en Soedanezen, en vele anderen – in de steek zijn gelaten door regeringen van over de hele wereld. We voelen ons verraden. Assad heeft honderden grenzen opgelegd gekregen, en heeft ze allemaal overschreden, zonder consequenties. Er zijn heel veel goede mensen in de wereld. Ik kan je niet vertellen hoe goedhartig de Britten zijn. Maar hun regeringen vertegenwoordigen niet hun volk. Mensen vragen me waarom hier vluchtelingen uit Syrië zijn. Ze weten niet dat dat komt doordat hun regering niets heeft gedaan om te helpen, geen actie heeft ondernomen.

Waarom mocht Rusland in 2018 het WK voetbal organiseren terwijl Rusland mensen in Syrië vermoordde, maar was het onacceptabel dat Rusland mocht meedoen aan de Olympische Spelen van 2022 vanwege de aanval op Oekraïne? Ik kan je het rechtstreekse nummer van de Britse immigratiedienst geven als je een Oekraïense vluchteling bent, maar als je uit een ander land komt, hoor je een bandje dat ze niets voor je kunnen doen, omdat ze te druk bezig zijn met het helpen van Oekraïners. We zijn allemaal hetzelfde, we zijn allemaal mensen. We moeten elkaar de hand reiken, naar elkaars verhalen luisteren, van elkaar leren.

De mensen die ik tijdens mijn reis heb ontmoet, hebben me enorm welkom doen voelen. Het heeft mijn vertrouwen in de mensheid hersteld, in de aangeboren goedheid van mensen over de hele wereld. Maar ik heb niet het idee dat onze regeringen, onze leiders, de media aan onze kant staan. Ze zijn onderdeel van het probleem, niet de oplossing. Er zijn zoveel mensen die ontzettend hun best doen om positief te blijven. We moeten streven naar saamhorigheid, niet nog meer verdeeldheid creëren.

KNAFEH NABLESEH

VOOR DE SUIKERSIROOP

✧ ✧ ✧ ✧ ✧ ✧ ✧ ✧ ✧ ✧ ✧ ✧ ✧ ✧ ✧ ✧ ✧ ✧

100 ml water
100 g fijne kristalsuiker
1 schijfje onbespoten citroen

Voeg het water en de suiker toe aan een kleine pan en breng langzaam aan de kook. Zet dan het vuur lager, laat ongeveer 5 minuten zachtjes koken en voeg het schijfje citroen toe. Zet het vuur helemaal laag en laat staan terwijl je de rest maakt.

VOOR DE KNAFEH

✧ ✧ ✧ ✧ ✧ ✧ ✧ ✧ ✧ ✧ ✧ ✧ ✧ ✧ ✧ ✧ ✧ ✧

200 g tresse (een Syrische trekkaas, o.a. online), een zoute, harde kaas (zoals akkawi of nabulsi, o.a. Midden-Oosterse supermarkt) of mozzarella, geraspt
100 g ghee, plus extra om in te vetten

een paar druppels gele voedingskleurstof (optioneel)
200 g kataifideeg (o.a. Midden-Oosterse supermarkt), in kleine stukjes
75 g mozzarella, geraspt
gehakte pistachenoten, ter garnering

Rasp de *tresse* of *akkawi* en voeg toe aan een kom koud water. Giet af en vul de kom met vers water. Herhaal vier keer om de kaas te ontzouten. Giet af en laat zo goed mogelijk uitlekken op een schone, droge theedoek. Deze stap kun je overslaan als je alleen mozzarella gebruikt.

Smelt de ghee in een kleine pan of in de magnetron en voeg dan eventueel de gele voedingskleurstof toe. Voeg het kataifideeg met de gesmolten ghee toe aan een kom en meng goed door.

Vet een koekenpan van 30 cm met antiaanbaklaag in met wat ghee, leg het kataifideeg in de pan en druk stevig aan. Schep de geraspte tresse, akkawi of mozzarella en de 75 gram geraspte mozzarella in het midden van het deeg en laat daarbij een rand van 1,5 cm vrij.

Verhit de pan op matig vuur, niet recht boven de warmtebron, zodat alleen de rand wordt verwarmd. De bodem moet een beetje krokant worden, maar de kaas moet ook smelten, dus we moeten langzaam en voorzichtig te werk gaan. Blijf ongeveer 10 minuten bij het fornuis staan en draai de pan om de paar seconden, zodat de warmte onder de pan gelijkmatig wordt verdeeld, tot je de randjes van het deeg goudbruin ziet worden en de kaas gesmolten is.

Pak een bord dat groter is dan de pan. Zet het bord omgekeerd op de pan en keer voorzichtig maar snel om, zodat het deeg bovenop komt te liggen.

Zet het vuur onder de siroop hoger en verwarm 1 minuut. Schep een paar lepels hete siroop over het deeg. Je hebt niet alle siroop nodig, dus overdrijf het niet. Garneer met de gehakte pistachenoten en serveer direct als de *knafeh* nog warm is.

EAWAAMA

Donuts met dadelstroop

Dit is een recept voor heel veel donuts, dus je kunt het recept gerust halveren.

VOOR DE BEREIDING

❖ ❖ ❖ ❖ ❖ ❖ ❖ ❖ ❖ ❖ ❖ ❖ ❖ ❖ ❖ ❖

350 ml lauw water
7 g gedroogde gist
½ tl kardemompoeder
een snufje himalayazout of zeezout
een snufje saffraandraadjes
400 g bloem
1 el maïszetmeel

2 el agavesiroop
½ tl vanille-extract
1,5 l plantaardige olie, om in te frituren, plus
   extra voor het vormen van de donuts
dadelstroop, voor erbij

Meng het lauwe water met de gist in een maatbeker en laat 10 minuten staan.

Wrijf het kardemompoeder met het zout en de saffraan in een vijzel fijn.

Zeef de bloem, het maïszetmeel en kardemommengsel boven de kom van een standmixer en mix met de deeghaak een paar seconden. Schenk dan, terwijl de mixer draait, langzaam het gistmengsel erbij, gevolgd door de agavesiroop en het vanille-extract, tot alles goed gemengd is en je geen bloem meer ziet. Kneed het deeg 5 minuten op de hoogste snelheid, tot het deeg iets elastisch maar nog steeds vrij nat is. Dek de kom af met een theedoek of plasticfolie en laat 1 uur rijzen, tot het deeg in omvang is verdubbeld.

Schenk de plantaardige olie in een hoge pan met dikke bodem en verhit op middelhoog vuur tot 170 °C. Heb je geen frituurthermometer? Voeg dan een klein stukje deeg toe aan de olie; als er belletjes ontstaan en het deeg boven komt drijven, dan is de olie op temperatuur.

Maak je handen nat en kneed het gerezen deeg voorzichtig door. Zet een kleine kom koude plantaardige olie naast het fornuis klaar om de donuts te vormen.

Zet de kom met het deeg en een theelepel klaar. Pak met je handen een handvol deeg en knijp je hand stevig dicht, zodat het overtollige deeg aan de bovenkant van je vuist eruit komt. Doop dan de theelepel in de koude olie (zodat het deeg niet blijft plakken), schep het deegbolletje met de theelepel van je hand en laat het in de hete olie zakken. Herhaal met de rest van het deeg en doop de lepel regelmatig in de koude olie.

Frituur de donuts in porties 4 tot 5 minuten, tot ze goudbruin zijn; duw de donuts met een lange schuimspaan naar beneden in de olie, zodat ze gelijkmatig garen. Schep de donuts met de schuimspaan uit de olie en laat uitlekken in een vergiet boven een kom. Laat 10 tot 20 minuten afkoelen.

We gaan de donuts nu opnieuw frituren, zodat ze hun karakteristieke knapperige buitenkant krijgen. Verhit de olie tot 180 °C. Je kunt de temperatuur weer controleren met een restje deeg; als er belletjes ontstaan en het deeg nu sneller boven komt drijven, dan is de olie heet genoeg.

Frituur de donuts in porties 3 minuten, tot ze goudbruin zijn. Schep ze uit de olie, laat uitlekken op keukenpapier en serveer heet met flink wat dadelstroop.

6

DRANKJES

QAWAH

Koffie

In Syrië bestaat de koffie uit een combinatie van 75% medium roast en 25% dark roast bonen. We maken deze melange zelf, maar je kunt hem ook kant-en-klaar in de winkel vinden.

Afbeelding hiernaast.

VOOR 2 PERSONEN

2½ espressokopjes water
2 tl zeer fijngemalen koffie (zoals Turkse koffie)

Schenk het water in een Turkse koffiepot en verhit op middelhoog vuur. Haal de pot van het vuur zodra het water begint te koken. Wacht een paar seconden en voeg dan de gemalen koffie toe. Zet de pot terug op het vuur, laat aan de kook komen, haal weer van het vuur en roer door. Herhaal dit nog een paar keer, zodat de koffie niet te snel kookt en verbrandt.

Serveer direct.

TAMARINDESAP

VOOR 4 PERSONEN

1 portie tamarindewater (zie pag. 130)
150 ml agavesiroop of 100 g fijne kristalsuiker
1 tl oranjebloesemwater (o.a. Midden-Oosterse supermarkt)
1 l water
1 onbespoten citroen, in schijfjes, voor erbij

Meng 200 gram tamarindewater met de agavesiroop of fijne kristalsuiker, het oranjebloesemwater en water.

Schenk over een paar ijsblokjes en voeg een schijfje citroen toe.

Afbeelding op pagina 240.

CHAI

Thee

VOOR 2 PERSONEN

2 kardemompeulen
½ kaneelstokje
1 tl earl grey theeblaadjes
suiker (optioneel)

Voeg de kardemompeulen, het kaneelstokje en de
theeblaadjes toe aan een theepot en vul de pot met
kokend water. Laat 5 minuten trekken en schenk
door een zeefje in bekers. Serveer eventueel met wat
suiker.

Afbeelding op pagina 241.

KAMUN

VOOR 2 PERSONEN

1 el komijnzaad
1 citroen

Voeg het komijnzaad toe aan een theepot en vul
de pot met kokend water. Laat 5 minuten trekken,
schenk door een zeefje in bekers en voeg een kneepje
citroensap toe.

Afbeelding hiernaast.

TOT SLOT

DE BOODSCHAP DIE ik met mijn verhaal wil verspreiden, is dat niets vanzelfsprekend is; je weet maar nooit wanneer je het weer kwijtraakt. Hoe vaak moeten we nog lijden, hoeveel miljoenen mensen moeten nog sterven of hun huis ontvluchten voordat we inzien hoe snel onze vrijheid ons ontnomen kan worden, voordat we leren om onze vrijheid te beschermen en nooit meer los te laten?

Wanneer alles van een leien dakje gaat, denken we dat het voor altijd zo blijft. Maar kijk om je heen. Ik ben geen politicus en wil dat ook nooit worden, maar zelfs ik snap dat wanneer je geld en macht op de eerste plaats laat komen, wanneer je winst en persoonlijk gewin boven het beschermen van mensen stelt, dat je dan kortzichtig bent. Het gaat blijkbaar niet om hoe je een geweldig land opbouwt, maar hoe je voor een tijdelijke overwinning voor je partij zorgt. Wanneer je het volk vooropstelt en voor steun, onderwijs, huisvesting en gezondheidszorg zorgt, dan bouw je een sterke natie op die honderden jaren productief en gelukkig zal zijn.

Veel mensen zijn bang voor vluchtelingen of asielzoekers. Dat hoeft niet. Ik zeg niet dat we allemaal lieverdjes zijn, maar lang niet alle mensen zijn lieverdjes. We zijn gewoon normale mensen die in een situatie zijn gedwongen waarin we nooit hadden gedacht terecht te zullen komen. Als je wilt weten hoe het is om een vluchteling te zijn, vraag het dan aan een vluchteling, aan mij. Ik heb de ervaring. Als je iets wilt weten over minderheden, praat dan met ze. Luister niet naar de akelige media die ons als slechte mensen afschilderen. Dat ik een vluchteling ben, betekent niet dat ik minder hoog opgeleid ben, minder van de wereld weet, minder succesvol was. En mensen vluchten niet alleen voor de oorlog; ze worden gedwongen om hun huis te verlaten vanwege aardbevingen, overstromingen, droogte. Zelfs in het Verenigd Koninkrijk beginnen mensen de gevolgen te merken van onze veranderende planeet. Vluchtelingen zijn zoals alle andere mensen om je heen. Laten we elkaar respecteren omdat we allemaal hetzelfde zijn. We zijn allemaal mensen. We weten niet wat de ander heeft moeten doorstaan.

Wanneer we luisteren naar de leugens van onze leiders, hun herhaalde corruptie en er niets aan doen, dan raken we onze macht, onze stem en vaak onopgemerkt, beetje bij beetje, onze vrijheid kwijt. Ik heb het nu niet over Syrië, ik heb het over het Verenigd Koninkrijk. De Britten kregen te horen dat het leven beter zou worden na de *Brexit*, maar het is erger geworden. Veel erger. Wie had gedacht dat onze verpleegkundigen afhankelijk zouden zijn van de voedselbank, dat mensen het zich niet kunnen veroorloven om hun huis te verwarmen?

We moeten onze stem laten horen. Makkelijker wordt het niet. Help zoveel als je kunt. Kom samen op menselijk niveau. Zoek naar liefdadigheidsorganisaties die mensen in nood helpen. Probeer dingen te veranderen waar je kunt, praat met elkaar, leer van elkaar. Stem voor verandering als het je niet bevalt wat je ziet.

De wereld zit vol geweldige, gulle mensen, er is zoveel liefde – ik heb het zelf meegemaakt! En als we samenkomen, kunnen we wonderen verrichten. We moeten ons onderdeel van de hele wereld voelen. We moeten af van het idee dat sommige mensen beter zijn dan anderen. We moeten naar elkaar luisteren, elkaar beter leren kennen en niet bang zijn voor dingen die ons vreemd zijn. We zijn een mondiale gemeenschap. We zijn niet onze regeringen en we moeten een stem hebben. Je hebt geen idee hoe belangrijk je stem is. Ik denk niet dat Oekraïners dit een paar jaar geleden voor mogelijk hadden gehouden, maar ze zijn nu vluchteling. Denk niet dat het jou niet kan overkomen. Het is mij overkomen, en het kan iedereen overkomen.

PRAKTISCHE INFORMATIE

• In de receptuur worden de volgende inhoudsmaten gebruikt:
1 theelepel (tl) = 5 ml   1 eetlepel (el) = 15 ml

• Gebruik middelgrote eieren en ongezouten boter, tenzij anders
is aangegeven.

• De oventemperaturen die in de recepten worden vermeld, zijn
bedoeld voor een elektrische oven. Gebruik je een heteluchtoven
of een gasoven, raadpleeg dan onderstaande tabel voor de juiste
temperatuur of stand. Uiteraard is elke oven anders en zijn de
gegeven temperaturen slechts een richtlijn.

elektrische oven (°C)	gasoven (stand)	heteluchtoven (°C)
110	½	90
135	1	120
155	2	140
175	3	160
200	4	180
225	5	200
245	6	220
260	7	235
280	8	250

REGISTER

DANKWOORD

Ik wil graag de volgende mensen bedanken.

Mijn vader en moeder; mijn vrouw Batool, en mijn dochters Dana, Lana en Mariam Alarnab.

Heidi Nam Knudsen

Gemma Bell

Gemma Bell en gezelschap

Layla Yarjani

Hortense Decaux

Serena Guen

Josephine Naughton

David en Jenny Edington

Jazz Sherman

Asma Khan

Hassan Akkad

A H Alaa

A K Amar

Ross Bailey

Philip Khoury

Melissa Hemsley

Imran Khan en familie

Farah Bsieso

Alice Aedy

Jay Rayner

ZKH Prins El Hassan bin Talal

Mohammed Khaeir Abukalam

Philli Boyle

Joy Said

Amel Hamza

Simon J Quayle

Elisa Dglv

Toni Broodelle

Gerry Pridham

✤ Sahar Pridham
✤ Tom Doust
✤ Vanessa Faulkner
✤ Marlow Refugee Action
✤ Wycombe Refugee Partnership
✤ Emily Madera
✤ Cassy Paris
✤ Choose Love
✤ Appear here
✤ Saima Khan
✤ Airbnb
✤ Kind Snacks
✤ Clerkenwell Boy
✤ Dave Burt
✤ Alice Sampo
✤ Ahmad Algeria
✤ Frederique Bougault
✤ Ahmad Elsidawi
✤ Kate Walsh
✤ Saleema Burney
✤ Tanveer Husain
✤ Stephanie Rybak
✤ Thabet Kalthoum
✤ Daisy Squires
✤ Mohammad Alarnab
✤ Rania Alarnab
✤ De dame uit Noorwegen die ik in Griekenland heb ontmoet

✤ Mijn agent Rachel Mills, de ontwerpers bij *Evi-O. Studio*, mijn redacteur Laura Bayliss, fotograaf Andy Sewell, foodstylist Kitty Coles, rekwisietenstylist Louie Waller en iedereen van *HQ* en *HarperCollins*.

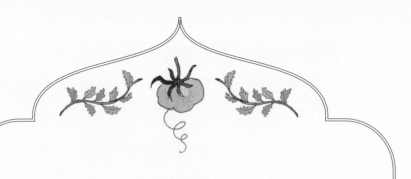

© 2024 Good Cook
's-Gravelandseweg 8
1211 BR Hilversum
www.goodcook.nl

Oorspronkelijke uitgever: *HQ*, een imprint van *HarperCollins Publishers Ltd*
Oorspronkelijke titel: *Imad's Syrian Kitchen*

Tekst © 2023 Imad Alarnab
Ontwerp en illustraties © 2023 Evi O Studio | Susan Le
Fotografie © 2023 Laura Edwards

Nederlandse vertaling: Kim Steenbergen, voor Scribent.nl
Culinaire redactie: Inge van der Helm
Zetwerk, redactie en productie: Scribent.nl

ISBN 978 94 6143 319 0
NUR 442

FSC
www.fsc.org

MIX
Paper
FSC™ C007454

Gedrukt in Maleisië